edition suhrkamp 2845

»They belong to us, they are one of us and we want them in« – auf diesen Satz, der seinem Land die EU-Beitrittsperspektive in Aussicht stellte, hatte Juri Andruchowytsch jahrelang gewartet. Er fiel in Brüssel, drei Tage nach Russlands Invasion der Ukraine. »Tiefes Aufatmen – unter dem Heulen der Sirenen«.

Sein fulminanter Essayband *Das letzte Territorium* (es 2446), heute ein Klassiker, war vor zwanzig Jahren der Auftakt einer Diskussion, die bis zum 23. Februar 2022 anhielt: Wohin gehört die Ukraine? Wo ist ihr Platz in Europa? Als Rufer in der Wüste warnte Andruchowytsch zu allen sich bietenden Anlässen vor Russlands Großmachtambitionen. Als Sisyphos der europäischen Verständigung bat er darum, die Ukraine nicht aus dem Auge zu verlieren. *Der Preis unserer Freiheit* versammelt Texte, die zwischen 2014, dem Jahr des Euromaidan, und 2023 entstanden sind. Pflichtlektüre für alle, die verstehen wollen, wie es zu dem Unvorstellbaren kommen konnte.

Juri Andruchowytsch, 1960 geboren, zählt zu den bedeutendsten europäischen Autoren der Gegenwart. 2022 erschien sein Roman *Radio Nacht*. Er lebt in Iwano-Frankiwsk.

Foto: © Stefan Klüter, Juri Andruchowytsch

Juri Andruchowytsch

Der Preis unserer Freiheit

Essays 2014 bis 2023

Aus dem Ukrainischen von Sabine Stöhr

Suhrkamp

Die Auswahl wurde vom Autor für diese Ausgabe getroffen.
Textnachweise am Schluss des Bandes.

Klimaneutral
Druckprodukt
ClimatePartner.com/14438-2110-1001

Erste Auflage 2023
edition suhrkamp 2845
Deutsche Erstausgabe

Umschlaggestaltung nach einem Konzept von Willy Fleckhaus und
Rolf Staudt
Satz: Satz-Offizin Hümmer GmbH, Waldbüttelbrunn
Druck: C.H. Beck, Nördlingen
ISBN 978-3-518-12845-9

www.suhrkamp.de

Der Preis unserer Freiheit

Er verlässt die Barrikade nicht

1

Der 56. Tag des Euromaidan war deshalb bemerkenswert, weil an der Fassade des schon zu Beginn der Proteste von Demonstranten besetzten Kiewer Rathauses ein Banner mit dem Porträt von Taras Schewtschenko entrollt wurde. Das bedeutete: »Vater Taras« ist mit uns, er ist unser höchster geistiger Führer.

Überall auf dem Maidan sieht man größere oder kleinere Schewtschenko-Porträts, manche mit Gedichtzeilen versehen. Sie sind Treffpunkt improvisierter Diskussionsklubs oder Literaturwerkstätten. Eines der größten (»der Haupt-Schewtschenko des Maidan«) segnet manchmal die große Bühne mit seiner Gegenwart, den Ort, von dem Aktivisten und Oppositionspolitiker zu den Protestierenden sprechen. Sie sprechen mit Schewtschenko im Hintergrund. Oder besser, er schaut ihnen streng über die Schulter.

Taras Schewtschenko, seine Ikone, ist integraler Bestandteil der Symbolsprache des Maidan, Zentrum seines Zeichensystems.

Geht man vom Maidan auf der Hauptstraße Chreschtschatyk in Richtung des schon erwähnten Rathauses, kommt man zum Kunst-Barbakan – dem Territorium der Künstler, Dichter, Regisseure und Musiker, die sich hier zusammengefunden haben, um mit den Demonstranten zu kommunizieren. Die eilig gezimmerten hölzernen »Wände« des Barbakan dienen gleichzeitig als

Ausstellungsfläche. Sie hängen voller aktueller revolutionärer Bilder. Die Leute, die vorbei kommen, interessieren sich vor allem für Andrij Jermolenkos provokanten, sarkastischen Zyklus »Schewtschenkiniana«. Auf jeder Graphik eine andere Modifikation Schewtschenkos, ergänzt durch einen witzigen Namen: Schewtschenko Superman, Schewtschenko der Verkehrspolizist, Schewtschenko als Nouveau-Riche, Elvis Presley Schewtschenko (King of Ukraine), Schewtschenko als Brahmane, Schewtschenko der Dörfler. Mir persönlich fehlt ein Che Schewtschenko oder Schewtschenko Gandhi. Unter vier Augen hat mir der Künstler hingegen versichert, bald werde Schewtschenko Machno erscheinen.

In seiner Rede auf der großen Bühne des Kiewer Euromaidan zitierte Senator John McCain Schewtschenko in englischer Übersetzung: *Love your Ukraine*, // *Love in the hard time*. Fast eine Million Demonstranten hörten ihn an jenem Tag diese Worte sprechen. Vermutlich die größte Zahl von Zuhörern live, vor Ort, die Senator McCain jemals hatte.

So erhielt Taras Schewtschenko in diesen Tagen noch eine weitere Bedeutung. Er wurde zum internationalen Kommunikator der ukrainischen Protestbewegung.

Wie könnte es auch anders sein.

2

Es ist bezeichnend, dass man nach den Präsidentschaftswahlen von 2010, als in der Ukraine das Janukowytsch-Regime an die Macht gelangte, erneut begann, Schewtschenko zu zensieren und zu verbieten – wie zu Zaren- und Sowjetzeiten. Ein besonderer Tiefpunkt waren die Feierlichkeiten zum 199. Geburtstag des Dichters in seinem Heimatdorf Morynzi, als, wie ein Augenzeuge und Teilnehmer berichtete, »mehr Polizei herangekarrt wurde, als es Besucher gab, dem Dorfchor das Singen und den Schülern das Gedichte Rezitieren untersagt wurde, mit der Begründung, Schewtschenko habe revolutionäre Poesie geschrieben, und das sei heute unpassend«.

Die offizielle Haltung der Staatsmacht zum »Großen Taras« blieb allerdings weiterhin ehrerbietig. Und selbst der höchste Staatspreis »im Bereich von Literatur und Kunst« trägt noch seinen Namen. Dass man ihn in den vergangenen Jahren keineswegs herausragenden und revolutionären, sondern ausgesprochen loyalen Künstlern verliehen hat, steht auf einem anderen Blatt.

Zweifellos würde es der Staatsmacht gefallen, Schewtschenko in ihrem ideologischen Arsenal als eine Art bronzenen Götzen oder wenigstens disziplinierten Staatsdiener zu führen. Die Staatsmacht hatte jedoch unter anderem das Problem, dass sie über keinerlei Ideologie verfügte, nur über ein Bündel krimineller Instinkte, mit denen sich Schewtschenko einfach nicht verträgt. Er ist kein Götze, sondern Wort und Text, lebendig, aufständisch und gefährlich. Und er steht für einen zentralen nationalen Mythos: den Gründungsmythos, der die Ukraine als eigenständiges Land konstituiert hat – das Ukrainische als eigene Sprache, die Mentalität der Ukrainer und ihr Bewusstsein von sich selbst. Der reale Mensch, der Dichter Taras Schewtschenko, hat nur partiell damit zu tun, aber das ist auch egal – der Mythos überwölbt die Realität.

Ein deutscher Freund hat ins Schwarze getroffen, als er einmal ironisch meinte: »Schewtschenko ist für die Ukrainer Luther, Kant und Goethe in einem.«

3

Schewtschenkos schöpferisches Vermächtnis – das sind 218 von den Herausgebern traditionell im Band »Der Kobsar« zusammengefasste Gedichte und Poeme, neun Novellen (erheblich schwächer als die Gedichte), das einzigartige Tagebuch mit dem Titel »Journal« und ein umfangreiches künstlerisches Werk, vor allem Graphiken, Aquarelle, Radierungen und Drucke. Ohne zu vergessen, dass Schewtschenko seinen Lebensweg als 47-jähriger »akademischer Graveur« der Petersburger Akademie der Künste beschlossen hat, lassen wir die Bildende Kunst hier aus Platzmangel beiseite und wenden uns dem literarischen Teil seines Werkes zu.

Was macht seine Stärke aus? Wie pulsiert das Leben im Gewebe, und wohin reichen die Nervenenden? Warum geht der Dichter Schewtschenko, anders als seine Zeitgenossen Goethe, Byron, Puschkin, Mickiewicz, Lermontow, Schiller und Shelley, auch nach zweihundert Jahren noch nicht zur ewigen Ruhe ins Dichterparadies ein? Warum benimmt er sich nicht so, wie es sich für einen normalen Klassiker aus einem normalen Land gehört, sondern treibt sich ruhelos in der Hölle der ukrainischen Gegenwart herum? Anders gesagt – was macht er auf diesen Barrikaden?

Schewtschenkos Ethos ist aufständisch. Das Etikett »revolutionärer Romantiker« der alten sowjetischen Literaturwissenschaft schien wie für ihn erdacht. Sein System in der Poesie verkörperter Überzeugungen basiert darauf, dass die Welt von sozialer und nationaler Ungerechtigkeit beherrscht wird; dass es eine existentielle Pflicht des Menschen ist, für Gerechtigkeit einzustehen; dass die Gewalt der Starken dieser Welt die Gewalt jener gebiert, die sich im Namen der Gerechtigkeit auflehnen; dass es in der künftigen gerechten Welt keine Gewalt geben wird, dass die Freiheit ebenso ein Ideal ist wie die Gerechtigkeit und dass die Freiheit des Einzelnen und die Freiheit menschlicher Gemeinschaften gleich wertvoll sind.

4

Warum gerade diese beiden Ideale – Freiheit und Gerechtigkeit? Das ist leicht zu verstehen, wenn man sich Schewtschenkos Herkunft vor Augen führt: Der künftige Dichter wurde als Leibeigener geboren, seine nahen Vorfahren aber waren noch freie Menschen (Kosaken) gewesen; erst Ende des 18. Jahrhunderts hatte das russische Zariat sie zu Unfreien gemacht. Die Lage der leibeigenen Bauern im Russischen Imperium lässt sich mit der Lage der schwarzen Sklaven in den damaligen Vereinigten Staaten vergleichen – ihre Herren konnten vollständig frei über ihre Körper, Seelen und Schicksale verfügen. Einen bedeutenden Teil seines Lebens – 24 Jahre, also mehr als die Hälfte – war Schewtschenko das persönliche Eigentum von Herrn Engelgardt, einem russischen Adligen mit deutschen Wurzeln. Dass ihn eine Gruppe Petersburger Künstler in einer gemeinsamen Anstrengung freikaufte, war fast die glücklichste Episode seines Lebens.

Dabei kann man sich nicht genug wundern über das Maß an innerer Freiheit, das er für sich selbst erreicht hat – mit jeder neu geschriebenen Zeile. Wie ein echter »revolutionärer Romantiker« oder besser gesagt, wie ein romantischer Held marschierte er mutterseelenallein und kaltblütig gegen die ganze übermächtige staatliche Maschinerie.

Und das war kein Spaß – das russische Zariat, diese, nach Schewtschenkos eigenen Worten, »Brutstätte der Niedertracht« und Verkörperung des Bösen, zu seinem Feind Nummer eins zu erklären. Wäre Schewtschenko Politiker gewesen, dann hätte er wohl, begabt mit der besonderen Fähigkeit, Menschen anzuziehen und für sich zu gewinnen, ein ganzes Netz internationaler geheimer Strukturen organisiert, um die Ordnung zu stürzen, die sich seit dem Wiener Kongress in Europa etabliert hatte. Als er ins Visier der damaligen Geheimdienste Russlands geriet, wurde Schewtschenko Opfer brutalster Bestrafung, aller persönlich für ihn ersonnenen: Einzug in die Armee als einfacher Soldat und Verschickung in weit entfernte Garnisonen des Urals und Zentralasiens, verbunden mit – jetzt kommt das Entscheidende! – absolutem Mal- und Schreibverbot.

Gerade unter diesen Umständen entwickelte er das besondere ethische Muster, das die Dissidenten Osteuropas im Allgemeinen und der Ukraine im Besonderen hundert Jahre später so dringend brauchten – nicht zu bereuen und nicht zu zerbrechen. Schewtschenko hat einen hohen Verhaltensmaßstab für öffentliche Personen gesetzt, die in Konflikt mit dem Regime treten und von ihm repressiert werden: niemals weichen und keine Angst haben. Genau das meinte der ukrainische Dichter und Dissident Ihor Kalynets, als er 1972, wenige Wochen vor seiner Verhaftung, in einem Gedicht die Zeile »Schewtschenko – unser Protestlied« schrieb.

Genau deshalb mailte mir mein junger Freund, Literaturdozent an der Universität Kirowograd, der vom Regime Janukowytsch für die Teilnahme an den Protestaktionen eingesperrt worden war, folgende Worte: »Es war eine schwere Prüfung, aber jetzt kann ich Schewtschenkos Gefangenenlyrik noch besser verstehen: -))«

5

Heute, wenn ich diese Zeilen schreibe, ist es sinnvoll, aus der Vielzahl der Schewtschenko-Sujets zwei hervorzuheben – das antiimperiale und das anarchische. In beiden erlangt er als Text und als Revolutionsikone größte Aktualität. Der Euromaidan des aufständischen Volkes ist sein Geschenk zum 200. Geburtstag. Ein absolut wunderbarer Raum, in dem »Menschen«, »Gemeinschaft«, »wir« etwas Positives und Großartiges bedeuten, »Staatsmacht«, »Zar« und »Gendarmen« hingegen das verkörperte Böse darstellen.

Der 22. Januar, der 61. Tag der Proteste, begann mit der tragischen Nachricht vom ersten Tod durch Polizeikugeln. Der Ermordete hieß Serhi Nigojan, 20 Jahre, ukrainischer Staatsbürger armenischer Herkunft. Er träumte davon, Schauspieler zu werden. Binnen einer Stunde fand man im Internet ein frisches Video, in dem er, ein Verteidiger der Kiewer Barrikaden, auswendig seine Lieblingszeilen aus »Kaukasus« vortrug.

Das ist ein Poem Schewtschenkos. Eines Dichters, für dessen Zeilen man auch heute noch ermordet wird.

2014

Der Preis der Werte oder Unsere Dissonanzen

1

Demnächst, in nur neun Tagen, ist es ein Jahr her, dass wir in eine andere Wirklichkeit geraten sind. Das Wort »wir« verwende ich hier im allerweitesten Sinne – wir, die Bewohner der Ukraine, ihre Bürger. Es geht mir nicht um politische Orientierung oder kulturell-sprachliche Präferenzen, daher verallgemeinere ich vorerst – alle Bürger der ganzen Ukraine. Uns eint jetzt etwas, das man im Westen, vor allem hier, in der Zone von Komfort und Sicherheit inmitten des sogenannten Alten Europas, immer schlechter versteht: das Leiden. Ich entschuldige mich direkt für dieses pathetische Wort. Aber ohne Pathos geht es derzeit nicht.

Noch vor einem Jahr waren wir ganz woanders. Heute aber befinden wir uns in einem ausgewachsenen Konflikt, dessen Ende nicht absehbar ist, in einem hybriden Krieg mit tausenden von Gefallenen, Verwundeten und Vermissten. Die Aufzählung könnte man in Richtung einer immer grausameren Detailtiefe erweitern, indem man zum Beispiel noch die Hingerichteten, Gefolterten, Verstümmelten nennt. Die sogenannten Donbaser Volksrepubliken haben schon vor ein paar Monaten durch ihre »Parlamente« die Todesstrafe eingeführt, sie erschießen und erhängen. Ein archaisch-vorzivilisatorisches Phänomen, vor kurzem noch eine krankhafte Phantasie – Todesurteile auf dem Territorium meines Landes?!

Aber das ist nur ein Aspekt, ein Segment der eigensinnigen Realität.

Leider mussten wir im Verlauf des vergangenen Jahres immer wieder feststellen, dass diese Realität existiert – sosehr wir uns ihr verweigern, sosehr wir sie ablehnen mögen. Mal erschien uns dieses Jahr wie ein endloser Horrorfilm. Mal wie ein endloser Albtraum.

Seltsam, aber wenn Sie mich jetzt fragen, ob ich mir (bei aller physischen Unmöglichkeit einer solchen Art der Wiederkehr) ernsthaft wünsche, dass die Zeit zurückgedreht würde und wie eine verkehrt herum eingelegte Filmrolle rückwärtsliefe, dass also wieder der 12. November 2013 wäre, dann antworte ich – nein.

Das heißt also, dass ich die erreichte Freiheit trotz allem höher bewerte als die erlittenen Verluste und dass ich an die Unumkehrbarkeit der Veränderungen glaube, die an jenem Abend des 21. November 2013 begannen, als die ersten paar hundert Demonstranten auf dem Hauptplatz von Kiew zusammenkamen, um ihren Protest gegen das Scheitern der Eurointegration zum Ausdruck zu bringen. Ja, an jenem Abend waren es nur ein paar hundert. Aber schon zehn Tage später fast eine Million. Ab dem 1. Dezember war auch ich dort, als einer von ihnen.

2

Worum ging es uns, was wollten wir eigentlich?

Das ist eine sehr wichtige Frage, auch deshalb, weil sie wie ein Kokon andere in sich birgt.

Was ist das, die Europäische Wahl der Ukraine? Wozu brauchen wir sie? Wie stellen wir uns Europa, die EU und uns selbst in diesem Projekt vor? Wovon wollen wir uns abwenden, womit brechen?

Genau das trifft den Kern der Sache – wir gehen weg, wir brechen mit der Vergangenheit. Juristisch haben wir das vor 23 Jahren getan, als wir aufhörten, ein Teil der Sowjetunion zu sein. Faktisch kämpfen wir immer noch um das Recht auf diesen Bruch, das Recht auf Austritt. Eine Art ukrainische Langversion von Let My People Go.

In diesen 23 Jahren wurde im postsowjetischen Raum kein einziger Konflikt gelöst. Aber was heißt gelöst – das größte und einflussreichste Land dieses Raums, das doch nach Befriedung und Aussöhnung streben sollte, tut selbst alles, um Kriege anzufachen, sie am Laufen zu halten. In diesem Raum entstehen immer wieder irgendwelche chimärischen zwischenstaatlichen Gebilde, angeblich geschaffen, um wirtschaftliches Wachstum zu fördern und um – das alte Lied – den Westen einzuholen und zu überholen. Die Gebilde heißen jedes Mal anders: Gemeinschaft Unabhängiger Staaten, Einheitlicher Wirtschaftsraum, Eurasische Wirtschaftsgemeinschaft, Zollunion – um nur ein paar zu nennen, alle kann sich sowieso niemand merken. Trotz des häufigen Namenswechsels dieser Phantomprojekte bringen sie kein Wirtschaftswachstum, und jedes einzelne ist in Wirklichkeit ein weiterer kaum verschleierter Versuch, das sowjetische Neoimperium wiederzuerrichten. Trotz des Geredes über das Primat der Wirtschaft und »die Verbesserung des Lebensstandards« handelt es sich ausschließlich um politische Projekte, die vor allem dem Machterhalt dienen.

Wie der politische Beobachter Vitalij Portnikow schreibt: »Es wurde keine einzige Wirtschaftsreform durchgeführt: Sogar die Integrationsabkommen sind auf eine Art und Weise formuliert, dass sie dem Machterhalt der vor Schrankenlosigkeit und Mammon trunkenen Herrschenden und der in ihrem Orbit kreisenden Oligarchen dienen. Die Rechtsprechung ist praktisch abgeschafft – durch Korruption und unverhüllte Parteilichkeit. Das politische Leben ist liquidiert – jedes Auftreten gegen die Staatsmacht wird mit Grausamkeit und voller Hass gegen die eigenen Bürger unterdrückt, und in diesem Sinne unterscheiden sich die ›europäischen‹ Hauptstädte Moskau oder Minsk nicht wesentlich vom zentralasiatischen Taschkent oder Astana. Der politische und der Verwaltungsapparat sind degradiert – wo doch die Machthaber selbst nichts anderes tun, als das Geld untereinander aufzuteilen, sich und ihre Umgebung zu bereichern und der Menge schäbige Kupferlinge hinzuwerfen. Sie haben die Konkurrenz de facto vernichtet und alle Bedingungen dafür geschaffen, dass Inkompetenz, Dummheit und Speichelleckerei triumphieren. Die GUS (und, wie ich hinzufügen möchte, auch alle weiteren Variationen moskauzentrischer zwischenstaatlicher Gebilde – *J. A.*) wurde nicht etwa zu einer neuen Sowjetunion, vielmehr ist sie deren absolut armselige Karikatur.«

Aus dieser Karikatur – einer wirklich ziemlich armseligen, aber, wie ich hinzufügen möchte, manchmal auch furchtbaren und grausamen, jedenfalls verbrecherischen

Karikatur, aus diesem Weg ins Nirgendwo – versucht die Ukraine auszubrechen. Während der letzten 23 Jahre hat sich unter den Ukrainern die feste Überzeugung gebildet, dass es für uns keine bessere Alternative als die europäische gibt. Dass dieses Verständnis sich bei den meisten Ukrainern erst allmählich durchgesetzt hat, ist nur natürlich. Es ist gereift, es reift noch immer. Ja, wir waren auf der Suche nach uns selbst, haben viel und oft geirrt. Jedoch haben wir schon 2004, auf dem ersten, damals orangen Maidan, einen sehr überzeugenden Versuch unternommen. Der Erfolg wurde später getrübt, am Ende sind uns nur zwei Errungenschaften geblieben – aber was für welche:

– Der Maidan in Kiew galt fortan als »magischer Ort« für siegreiche Protestäußerungen der Gesellschaft.
– Die 10- bis 12-jährigen Kinder, die an den Händen ihrer Eltern auf den ersten Maidan gegangen waren, wurden nun als 20-Jährige die treibende Kraft des neuen Maidan, der sofort »Euromaidan« getauft wurde.

Braucht es weitere Erläuterungen, wofür wir auf die Straße gegangen sind? Für welches konkrete Europa? Natürlich für unsere Zukunft, so pathetisch das auch klingen mag. Aber für den pathetischen Ton habe ich mich ja schon entschuldigt.

Vor kurzem habe ich Fernsehbilder aus Spanien gesehen, wo die Bauern, erbost über die Handelssanktionen der EU gegen Russland, derentwegen sie Probleme hatten, ihre Produkte zu verkaufen – vielleicht Orangen –, als Zeichen des Protests die EU-Fahne verbrannten. In solche Fahnen hüllten unsere Menschen auf dem Maidan die Ermordeten, bevor sie die Leichen in den Sarg legten.

Ein gutes Beispiel dafür, dass auf dieser Welt weiter Verständnislosigkeit herrscht. Die einen wollen nicht einmal auf ein paar Cent ihres Wohlstands verzichten und verbrennen wütend das Symbol des SYSTEMS, das beschlossen hat, diesen Wohlstand zu begrenzen. Die anderen sterben unter diesem Symbol einen alles andere als symbolischen Tod, denn der Wert der Fahne bemisst sich für sie weder in Cent noch in Euro. Diese Fahne ist überhaupt unbezahlbar, denn hier und jetzt, auf diesem Maidan, steht sie für nicht weniger als für die Menschenwürde. Mehr noch – für den Sinn des Daseins.

3

Im Ukrainischen haben »Wert« und »Preis« dieselbe Wurzel. Ein ukrainischer Publizist beschrieb die spürbare Dissonanz zwischen uns und unseren europäischen Zeitgenossen, indem er mit den beiden phonetisch verwandten, aber von der Bedeutung her so unterschiedlichen Worten spielte. Das Unverständnis, so der Publizist, rührte daher, dass »die Europäer an Preise denken und wir an Werte«. Daher die Probleme, einander zu verstehen.

Wenn die spanischen Bauern die EU-Fahne verbrennen, dann geht es ihnen um Handelssanktionen und den Preisverfall bei Orangen. Wenn aber ein 19-jähriger ukrainischer Student unter den Kugeln von Scharfschützen im Kiewer Regierungsviertel stirbt und dabei ebenjene EU-Fahne mit den Händen umklammert, dann geht es ihm um Freiheit und Gerechtigkeit.

Wenn der französische Präsident sagt, dass er nicht anders kann, als zumindest einen der Hubschrauberträger »Mistral« nach Russland zu verkaufen, da der Vertragspreis über eine Milliarde Euro beträgt, dann geht es ihm genau darum – um den hohen Preis. Wenn aber Ukrainer, und zwar nicht die reichsten, in wenigen Tagen 20000 oder auch 40000 Euro für eine dringende Operation eines schwer verwundeten Soldaten spenden, dann wollen sie ein Menschenleben retten.

Wenn sich ein Bonze der österreichischen Handelskammer beschwert, dass das Einreiseverbot für Russen aus Putins Umgebung zu einem Gewinneinbruch bei den Juwelieren im Wiener Ersten Bezirk führen wird, dann geht es ihm um ebenden Gewinneinbruch. Aber wenn sich zwei ukrainische Offiziere, von Terroristen umzingelt und schwer verwundet, mit einer Granate in die Luft sprengen, um der Folter zu entkommen und beim Scheiden möglichst viele Feinde mit in den Tod zu nehmen, dann geht es um Menschenwürde.

Diese Situationen lassen sich nicht vergleichen, mögen Sie sagen. Wieso sie einander gegenüberstellen, wenn sie überhaupt nichts miteinander zu tun haben? Es handelt sich um zwei unterschiedliche Realitäten – in jeder Hinsicht.

Darauf ich: Sie haben recht.

Es stimmt, dass wir nichts mehr miteinander zu tun haben. Es gibt kaum Berührungspunkte zwischen uns, zwischen der Ukraine und Europa. Europa hat in seiner absolut erfolgreichen Entwicklung das Endziel erreicht, es ist vor allem zu einer Zone des Wohlstands, des Komforts und der Sicherheit geworden, oversecured, overprotected, overregulated, ein Territorium aufgebauschter und dann irgendwie beigelegter Probleme und Konflikte, politisch korrekt und steril. In der Ukraine aber wird Blut vergossen, und das ist noch milde ausgedrückt, denn wenn ich anfinge, hier bildlich zu beschreiben, auf welche Art Blut vergossen werden muss, dann würden Sie erschrecken. Und ich bin nicht hier, um Sie zu erschrecken. Noch vor einem Jahr hätte auch ich selbst mir solche Schrecken nicht einmal im Traum vorstellen können.

Ich belasse es also dabei zu sagen, dass die Ukraine in eine Zone von Tod und Grausamkeit geraten ist, eine Zone entsetzlicher und bitterer Prüfungen. Das geschah nicht aus ihrem freien Willen, nicht dorthin strebte sie, sondern zu Ihnen, nach Europa – in eine ganz entgegengesetzte, warme und komfortable Zone, aber offenbar musste sie dorthin geraten, wo sie jetzt ist. Sie wurde gewaltsam dorthin getrieben – aber nicht etwa durch mystische Kräfte, sondern ganz einfach durch militärische Macht. Unser Gegenspieler erwies sich als zu böse – »der einflussreichste Politiker der Welt« immerhin.

Angesichts dieser Erschütterungen verschließt sich Europa, das ist verständlich. Wenn ich sage »Bei uns herrscht Krieg«, verbessern mich meine deutschen Freunde geduldig wie Erwachsene ein Kind: »Ihr durchlebt eine Krise.« Obwohl es in Wirklichkeit nicht unsere Krise ist, sondern die Krise Russlands, seiner halbirren imperialen Ambitionen, die sich zum Glück in unserer Welt nicht mehr vollständig verwirklichen lassen. Daher rührt ja seine Krise.

Und wenn ich sage, dass der russische Präsident unser Feind ist, dann versichern sie noch geduldiger: »Er ist ein Partner.«

Dissonanz um Dissonanz, wie Sie merken.

4

In meinen unzähligen Gesprächen im Westen und vor allem in Europa zeigt sich, dass man uns nicht nur nicht versteht, sondern, schlimmer noch, dass man gar nicht versucht, uns zu verstehen. Stattdessen treffe ich viel zu häufig Leute, die Putin verstehen. Offenbar fällt es den Europäern leichter, ihn zu verstehen als uns. Es bleibt die schmerzhafte Frage, warum dem friedlichen, politisch korrekten Europa der Aggressor näher und daher verständlicher erscheint als das Opfer seiner Aggression.

Ich habe einen bösen Verdacht: Die EU fürchtet die Ukraine. Die EU hat es auch ohne die Ukraine nicht leicht, und jetzt auch noch dieser *failed state* mit seinem schlechten Karma. Früher kannte man ihn ausschließlich als Vaterland von Tschernobyl und Prostituierten. Jetzt kommen Tod, Krieg, Flüchtlinge, Leiden, Folter und die abgeschossene malaysische Boeing dazu (egal, dass es eben gerade keine Ukrainer waren, die sie abgeschossen haben), auch andere eher unangenehme Signale wie Nationalismus, Faschismus und Rechtsradikale. So ein Land hält man besser auf Abstand, überlegen die Europäer. Natürlich längst nicht alle – schon wieder verallgemeinere ich, wenn ich die erwähnten Reflexe ausnahmslos allen Europäern zuschreibe. Nicht alle, aber leider in hohem Maße jene, die direkten Einfluss auf die Entscheidungsfindung in der europäischen Politik haben.

Ich habe meine eigene »Verschwörungstheorie«, die man wahrscheinlich nicht ganz ernst nehmen sollte, die ich aber einfach nicht für mich behalten kann. Schon nach der Orangen Revolution 2004 habe ich erstmals darüber nachgedacht. Und seitdem mehrere Bestätigungen erhalten, die meine Annahmen stützten. Die Intensität der ukrainisch-europäischen Beziehungen war während den Präsidentschaften Viktor Juschtschenkos und Viktor Janukowytschs höchst unterschiedlich, aber anders, als man erwarten würde. Juschtschenko (teils vielleicht sogar berechtigt) löste bei der EU dezidiert kühle Reaktionen aus, obwohl doch überall davon geredet wurde, endlich gebe es in der Ukraine einen guten europäischen Politiker. Als aber der brutale und ungebildete Wahlfälscher (das war ja allgemein bekannt) Janukowytsch an die Macht kam, erwärmte sich die EU auf beeindruckende Weise und begann, ihn auf jede nur erdenkliche Art in den eigenen Orbit einzuladen. Aus den offiziellen Erklärungen der EU-Kommissare und anderer Bosse ging hervor, dass die Ukraine ihre »Hausaufgaben« wunderbar erledigte und sich mit mächtigen Schritten den europäischen Standards annäherte. Ich begann zu glauben, dass genau so die Schaukelpolitik aussieht, die doch eigentlich für ewig unsere Bestimmung ist: Wenn in der Ukraine ein prowestlicher Politiker an der Macht ist, dann muss man die Ukraine auf Abstand halten, ist es ein prorussischer – dann ihre Annäherung betreiben. Wichtig jedoch, dass wir weder im einen noch im anderen Fall das Recht auf Vollmitgliedschaft bekommen. Dass die Ukraine den Status quo eines »Landes zwischen Russland und dem Westen« behält. Obwohl offiziell von einer »Pufferzone« nicht die Rede ist, denn die Zeiten zynischer Geopolitik sind ja angeblich vorüber.

Das sind sie leider nicht. Wenn wir unserem gemeinsamen Partner, dem russischen Präsidenten, sagen, sie seien vorüber, dann lacht er nur laut und lange.

5

Tatsächlich aber funktionieren geopolitische Pläne und Spielchen in der Ukraine nicht – dafür sorgen die Ukrainer selbst. Das ist noch ein Beispiel, wie man uns im Westen missversteht – der Blick auf die Ukraine als eine Art Truppendurchmarschplatz mal in östliche, mal in westliche Richtung. Die Amerikaner, an allem sind die Amerikaner schuld, wiederholen meine europäischen Bekannten immer wieder. Sie sind es, die euch die Köpfe verdrehen und euren Maidan bezahlen – einzig und allein, um Russland zu schwächen.

Erstens, antworte ich, ist es wirklich lebenswichtig, Russland zu schwächen – Russland ist manisch, es ist gefährlich. Sein Präsident deutet vielleicht im Spaß, vielleicht im Ernst einen Blitzkrieg in Osteuropa an. Wenn er maliziös lächelnd »Riga, Vilnius, Warschau, Bukarest« sagt, dann habe ich den Eindruck, dass die Vereinigten Staaten von Amerika der einzige Grund sind, warum er seine Armeen noch nicht dort hingeschickt hat.

Außerdem, widerspreche ich weiter, gehen wir nicht deshalb auf den Maidan, weil uns die Amerikaner dafür bezahlen, sondern weil es unser Wille ist. Das ukrainische Wort Wille, »Volja«, ist zugleich ein Synonym für Freiheit – übrigens einer der Grundwerte sowohl Europas als auch Amerikas. Das, was Étienne Balibar mit dem schönen französischen Wort *égaliberté* bezeichnet – Freiheit in Gleichheit. Dafür haben sich die Ukrainer erhoben. Für diesen Wert sind wir bereit, unvergleichlich mehr zu bezahlen, als irgendein Amerika finanzieren könnte. Im Januar und Februar dieses Jahres hat sich gezeigt, dass wir sogar bereit sind, mit unserem Leben zu bezahlen.

Die Ukrainer gehen auf den Maidan und ändern die Tagesordnung, sie schreiben sie neu, sie schreiben sie anders, und sie hebeln dabei jegliche spitzfindige Geopolitik aus. Amerika kann nicht schnell genug reagieren, die EU erklärt orientierungslos zum tausendsten Mal ihre »tiefe Besorgnis«, und Russland fällt brutal bei uns ein. Da haben Sie Ihre Geopolitik.

Uns bleibt nur, uns zu verteidigen – verzweifelt und, offen gestanden, einsam. Gebe Gott, dass diese Einsamkeit nicht, wie im Roman, hundert Jahre dauert. So lange halten wir nicht durch.

6

Obwohl die Einsamkeit (lies: die Autarkie) an sich nichts Schlechtes ist. Es ist wunderbar, neutral zu sein und sich niemandem anzuschließen, vor allem nicht der NATO! Wunderbar, wenn man die Schweiz, Slowenien oder die Slowakei als Nachbarn hat. Wenn zum Beispiel Norwegen der Nachbar der Ukraine wäre, dann wäre die Boeing 777 von Malaysia Airlines glücklich in Kuala Lumpur gelandet. Wer könnte das bezweifeln? Aber leider unterscheidet sich unser großer Nachbar ganz wesentlich von Norwegen.

Aus Kindertagen erinnere ich mich an die Zeitungsrubrik für Neugierige »Wussten Sie, dass …?«. Manchmal will auch ich Ihnen diese Frage stellen. Wussten Sie, dass die Zahl der Ukrainer, die einen NATO-Beitritt befürworten, im vergangenen halben Jahr nach manchen Umfragen um das Dreifache, nach anderen um das Vierfache gestiegen ist? Dass also noch vor einem Jahr der Prozentsatz der Ukrainer – damals noch mit der Krim –, die für die NATO waren, 10 bis 14 Prozent betrug, heute aber 52?

Und zwar nicht, weil die Ukrainer auf einmal verrückt geworden sind und Krieg oder Aggression wollen. Im Gegenteil – weil sie den Frieden wollen, den sofortigen, unverzüglichen Frieden, weil sie wollen, dass die Aggression des großen Nachbarn gegen ihr Land so schnell wie möglich aufhört. Denn das Besondere an diesem Nachbarn ist, dass *soft power* bei ihm nicht wirkt. Er reagiert nur auf *hard power*. Natürlich ist das archaisch, weswegen er am Ende verlieren wird, aber das passiert irgendwann später, heute aber werden Tag für Tag auf Befehl und nach Plan dieses Nachbarn Bürger meines Landes, seine Verteidiger, ermordet. Tag für Tag und Nacht für Nacht, können Sie sich das vorstellen? Ein endloses Balancieren zwischen Leben und Tod.

7

Auf einer Podiumsdiskussion hat eine deutsche Schriftstellerin kürzlich erklärt, den europäischen Literaturen blieben heute nur zwei große Themen – Alzheimer und Krebs. Alles andere sei quasi überwunden, Komfort und Sicherheit sind grenzenlos, Tragödien und Leiden wird es nicht mehr geben.

Dem kann und sollte man widersprechen, aber ich finde allein die Tatsache signifikant, dass ein solcher Gedanke in Europa formuliert wird, also die Innenperspektive zeigt. Somit enthält er wenigstens ein Körnchen jener Wahrheit, die uns Ukrainern noch völlig fremd ist.

Während ich diese Zeilen schreibe, will mir einfach nicht einfallen, wie die Gegner der Euroskeptiker heißen. Wer erinnert sich, wie diejenigen hießen, die »für Europa« waren? Es scheint, in Europa, beziehungsweise in der EU, sind bloß noch die Euroskeptiker übrig. Die einzigen wirklichen Europa-Enthusiasten aber (endlich ist mir das Wort wieder eingefallen – Europa-Enthusiasten!) haben ungefähr vor einem Jahr ihre Alltagswirklichkeit verlassen und sind auf die Plätze der ukrainischen Städte gezogen, um ihren – wenn wir es nüchtern betrachten – hoffnungslosen Protest zu beginnen. Dieser Protest hatte eigentlich keine Chance. Wie und warum er schließlich doch gesiegt hat, ist eine Frage für Autoren künftiger Romane. Aber es geht mir nicht um Romane und nicht um ihre Autoren. Eher um die Helden, von denen die meisten der Welt gar nicht bekannt sind.

Und von denen viel zu viele schon nicht mehr leben. Sosehr ich auch wünschte, dass dieser Satz eine Übertreibung wäre – er ist es nicht, leider. Wir können diese Menschen nicht zurückholen. Manche sind für immer ohne Augen, Hände oder Beine geblieben oder haben sonst wie ihre Gesundheit eingebüßt, ihre Kräfte, ihre Jugend. Man kann und muss sie unterstützen – nicht nur mit Prothesen, sondern mit Aufmerksamkeit, Mitgefühl und Liebe. Aber nie mehr werden sie so aufrecht und jung sein wie in dem Moment, als sie auf die Barrikaden gingen – unter der Europaflagge.

Behalten Sie uns alle in Erinnerung. Wir waren allein und haben nicht nur unsere eigene *égaliberté* verteidigt, sondern auch die Ihre. Verzeihen Sie – ohne es zu wollen, sind wir zu Ihrem schlechten Gewissen geworden.

2014

»Hagel«, »Tornado«, »Hurrikan«: Der chimärische Krieg

Sehr geehrte Damen und Herren,

ich möchte diesen zweifellos festlichen und für mich freudigen Anlass nutzen, um Ihnen etwas mehr über gewisse Aspekte jenes Konflikts zu erzählen, der hier meistens »Krise in der Ukraine« genannt wird. Mir scheint, dass es sowohl im Umfeld dieses Konflikts als auch in seinem Inneren furchtbar viele Dinge gibt, von denen Sie kaum etwas wissen, weil Medien und Politiker Sie nach ein und denselben Schemata und Schablonen informieren: Geopolitik; Einfluss- und Interessenszonen; russisch-amerikanisches Tauziehen; die Ukraine als hoffnungslos geteiltes, unzurechnungsfähiges Land; wirtschaftliche Gründe für das »Putinverstehen«.

Aber die Ukraine ist mehr als ein Territorium für den Gastransit zwischen Russland und Europa. Sie ist ein Land mit einer eigenen, extrem schwierigen und tragischen Geschichte und einer neu gefundenen Identität. Sie ist also viel komplizierter, als es scheint, und sie verdient Ihre Aufmerksamkeit. In der Ukraine wird heute ein Remake des historischen Dramas aufgeführt, in dem Mitteleuropa als das Territorium fungiert, auf dem die autokratischen Werte zum wiederholten Male einen Angriff gegen die liberalen starten. Außerdem vollzieht sich in der Ukraine vor unseren Augen das Werden einer neuen europäischen Gesellschaft.

Diesem Werden wird harter, grausamer Widerstand entgegengesetzt – sowohl von außen als auch im Innern des Landes. Aber letztlich sind sowohl die im Innern als auch die von außen Angehörige ein und derselben zerstörerischen Spezialoperation.

Darum ist es ein schmerzhaftes Werden. Um es zu stoppen, schreckt unser Nachbarstaat nicht einmal vor militärischer Intervention zurück. Sein Präsident hat sich in diesem Konflikt, den er selbst mehr als zehn Jahre lang vorbereitet und geschürt hat, die Rolle des strengen, aber gerechten Schiedsrichters auf den Leib geschrieben. Aber diese Rolle gelingt ihm nicht oder jedenfalls nur äußerst schlecht – so schlecht, dass ihm offenbar nur noch die Herren Schröder, Berlusconi, Gorbatschow und andere, heute schon legendäre Helden der Realpolitik Glauben schenken.

Ein Interview des russischen Präsidenten, das er erst kürzlich, Mitte November, einem deutschen Fernsehsender gegeben hat, ist das perfekte Beispiel für seine ebenso schamlose wie hilflose Verdrehung der Tatsachen. Putin benimmt sich vor dem deutschen Fernsehpublikum genauso wie vor dem heimischen russischen, das ja bekanntlich sogar zu glauben bereit ist, dass die malaysische Boeing 777 schon vor dem Abflug nicht mit lebendigen Passagieren, sondern mit menschlichen Leichen beladen war. Aber zurück zum Interview für das deutsche Fernsehpublikum, in dem der russische Präsident unter anderem Folgendes sagte: »Im Osten der Ukraine finden Kämpfe statt. Die ukrainische Zentralmacht hat die Armee dorthin entsandt, sogar ballistische Raketen kommen zum Einsatz. Und wird darüber etwa gesprochen?« – Er macht eine Pause und setzt theatralisch den Punkt. »Kein Wort.«

In Wirklichkeit wurde schon im Sommer von den ballistischen Raketen gesprochen, zum Beispiel auf CNN. Die Information wurde von der ukrainischen Regierung sofort dementiert, die erklärte, dass »die letzte Rakete, die gemäß internationaler Klassifizierung als ballistisch gelten kann und eine Reichweite zwischen 500 und 1000 km hat, in der Ukraine am 1. Juli 1996 zerstört wurde, und zwar im Rahmen eines von den USA finanzierten Abrüstungsprogramms. In der Ukraine gibt es solche ballistischen Raketen nicht.«

In Wirklichkeit – und dieser Ausdruck muss sehr häufig gebraucht werden, wenn man den russischen Präsidenten kommentiert – kämpfen in der Ukraine seine, Putins, reguläre Militäreinheiten, und sie kämpfen nicht nur mit Raketenwerfersystemen, die so sprechende und fast biblische Namen wie »Hagel«, »Tornado« und »Hurrikan« tragen, sondern auch mit nagelneuen T-90-Panzern. Aber davon kommt dem russischen Präsidenten wirklich »kein Wort« über die Lippen.

Warum reagiert Putin so aggressiv auf die Ukraine? Warum konzentriert Russland heute seine gesamte Außenpolitik auf den Krieg gegen uns und darauf, den Rest der Welt in großem Stil bezüglich dieses Krieges hinters Licht zu führen?

Es gibt Lügen. Es gibt große Lügen. Es gibt schamlose und schamlos große Lügen. Und es gibt die Lüge in Reinform – die russische Propagandamaschine.

Da haben Sie, grob gesagt, die gesamte Außenpolitik.

In Wirklichkeit (wieder dieser Ausdruck!) geht es Putin vor allem um etwas, das er mehr als alles fürchtet. Ich zitiere aus den Nachrichten: »Der russische Präsident bezeichnet die ›Farbrevolutionen‹, die in einer Reihe von Ländern stattgefunden haben, als *Lehre und Warnung* für Russland und verspricht, *alles Notwendige* zu tun, damit in Russland nichts dergleichen passiert.« (Hervorhebungen von mir, J. A.)

So tut er zum Beispiel im Osten der Ukraine »alles Notwendige«. Unter anderem mit Hilfe von Mehrfachraketenwerfern »Hagel«, »Tornado« und »Hurrikan«.

Die zitierte Erklärung über »Lehre und Warnschuss« für Russland hat Putin nicht irgendwo abgegeben, sondern auf einer Sitzung des russischen Sicherheitsrats. Weiter sprach er davon, dass der Extremismus in der heutigen Welt als »Instrument der *Geopolitik und der Verschiebung von Einflusszonen*« benutzt werde. Natürlich – was sonst sollte einen gewissenhaften Schüler des geopolitischen Genius aller Zeiten und Völker, Professor Alexander Dugin, beschäftigen! Geopolitik und Einflusszonen – das ist es, was dem russischen Präsidenten keine Ruhe lässt. »Wir sehen«, fährt er fort, »zu welch tragischen Folgen die Welle sogenannter Farbrevolutionen geführt hat, welche Erschütterungen die Völker jener Länder durchlebten und weiter durchleben, ausgelöst von verantwortungslosen Experimenten, von versteckter, manchmal auch brutaler, tumber Einmischung in ihr Leben.«

Dabei ist alles haargenau umgekehrt. In mein persönliches Leben, wie auch in das Leben vieler Millionen anderer Menschen, hat er, Wladimir Wladimirowitsch Putin, sich tumb und brutal eingemischt, er, dessen Reaktion auf unsere »Farbrevolution« mehr als pathologisch ausfiel.

Eine präzise Bewertung hat kürzlich Herta Müller in einem Interview für die dänische Zeitung »Dagens Nyheter« vorgenommen: »Putins Sozialisation im KGB ist in den letzten Jahren immer mehr zum einzigen Maßstab seines politischen Handelns geworden. Er sieht überall im In- und Ausland Feinde, weil er die Welt nicht anders begreifen kann. Und er braucht Feinde, die man anlügen und austricksen muss, um die sogenannten russischen Interessen durchzusetzen. Und damit inszeniert er sich als Retter der slawischen Werte, die von der dekadenten westlichen Kultur – also von uns – bedroht werden.« Und etwas weiter unten im Interview: »Putins einziger und größter Gegner ist die westliche pluralistische Gesellschaft, die Freiheit des Individuums und die Unabhängigkeit der Justiz – also die Demokratie, in der wir gerne leben. Und in der auch die Menschen in der Ukraine gerne leben würden. Transparenz und Geheimdienst – einen größeren Widerspruch kann es kaum geben.«

Als absoluter Geheimdienstler handelt Putin im Modus von Spezialoperationen. Darum trägt sein Krieg gegen die Ukraine einen so chimärischen Charakter. Hybride Kriegsführung, wie man jetzt zu sagen pflegt.

Aber bei aller Geheimhaltung dieses Spezialkriegs – die Soldaten und Panzer, die er in den Osten der Ukraine schickt, lassen sich nicht verbergen. Sogar der OSZE-Mission fallen sie inzwischen auf. Und die britische

Botschaft in Kiew hat eine Instruktion veröffentlicht, die, so die Diplomaten, »dem Kreml helfen soll, seine Panzer in der Ukraine zu finden«. David Liddington, britischer Europaminister, erklärt: »Der Kreml hat hunderte Soldaten in die Ukraine geschickt, tausende an ihren Grenzen versammelt und versorgt seine Marionetten im Osten mit Waffen und Panzern in unbegrenzter Zahl. Das ist keine Annahme, sondern eine Tatsache. Wir verfügen über Satellitenaufnahmen, Fotografien von Menschen vor Ort, Berichte der OSZE-Mission und Berichte von Augenzeugen. Die russischen Versuche, dies zu leugnen, sind unglaubhaft.«

Panzer sind Panzer, sie lassen sich nicht verbergen. Und auch die Soldaten, die Gefallenen, müssen doch begraben werden. Unabhängige Quellen russischer Menschenrechtsverteidiger sprechen schon von an die tausend Gefallenen unter den russischen Soldaten des »Donbas-Feldzugs«. Offiziell kämpft Russland bei uns nicht, die russische Armee ist nicht da, aber die Leichen russischer Soldaten sind es. Wohin mit ihnen? Am besten sie in Stollen stapeln, in anonymen Gräbern verscharren. Ein Soldat – verschwunden. Vielleicht hat es ihn nie gegeben. Den Verwandten kann man, unter absoluter Geheimhaltung, mitteilen, dass ihr Sohn, Mann, Bruder einen Herzschlag erlitten hat oder überhaupt im Urlaub an der Hitze gestorben ist. Wie sagte einst der legendäre russische Marschall Schukow, als er weitere Kompanien, Bataillone und Heere der Roten Armee in den sicheren Tod schickte: »Russland ist groß, die Weiber werden neue Soldaten gebären.«

Wenn der russische Präsident nicht nur grundlegende Rechte, sondern sogar das Leben seiner eigenen Bürger so missachtet, was ist dann von ihm zu erwarten, wenn es um ukrainische Bürger geht?

Nach neuesten Erkenntnissen sind derzeit nicht weniger als 700 dieser ukrainischen Bürger Geiseln oder Gefangene der Terroristen. Sie werden gefoltert und erniedrigt. Die Erzählungen derjenigen, die befreit werden konnten, hinterlassen den furchtbaren Eindruck eines zügellosen Remakes des finstersten Mittelalters. Im Sommer füllte man mit ihnen die erstickenden Keller der Verwaltungsgebäude, wo sie sich Wochen und Monate quälten, geschlagen und gebrochen, ohne Licht und Luft, oft ohne Wasser und Essen und meist ohne jede medizinische Versorgung. Jetzt naht der Winter, und es wird noch schrecklicher, sich all das vorzustellen. Unter ihnen sind Frauen und Minderjährige. Es wird berichtet, dass Frauen mit Maschinengewehren vergewaltigt wurden. Das ist keine Metapher.

Um die Atmosphäre der Angst in den besetzten Gebieten aufrechtzuerhalten, haben die Separatisten die Todesstrafe eingeführt. Das geschieht auf dem Territorium eines Landes, das Mitglied des Europarats ist und dessen Verfassung die Todesstrafe verbietet. Wie die Führer der Separatisten vor einigen Tagen in ihren Fernsehsendern verkündeten, werden die Entscheidungen über Todesurteile von nun an von »besonderen Troikas« (Stalin lässt grüßen) aus – Obacht! – »Feld-Militär-Richtern« gefällt. Niemand kann sagen, wie viele Todesurteile schon vollstreckt wurden. Aber es kommt genug Material für einen langen und an entsetzlichen Fakten überreichen Prozess in Den Haag zusammen.

Im siebten Bericht des UN-Hochkommissars für Menschenrechte heißt es, die »bewaffneten Gruppierungen fahren fort, Menschen unrechtmäßig gefangen zu halten, Hinrichtungen ohne Urteil zu vollstrecken, zu Zwangsarbeit zu zwingen, sexuelle Gewalt anzuwenden und persönlichen Besitz zu vernichten oder zu konfiszieren. Tausende Menschen gelten als vermisst, dauernd werden neue, anonyme Gräber gefunden, aus denen die Leichen zur Identifizierung exhumiert werden.«

Ein weiterer Aspekt dieses Hybridkrieges besteht darin, dass nicht weniger als zwei Dutzend ukrainische Bürger, die auf dem Gebiet ihres Landes gefangen genommen oder entführt wurden, inzwischen rechtswidrig in russischen Gefängnissen festgehalten werden. Es versteht sich, dass sie ebenso rechtswidrig dorthin verbracht wurden – meist aus den von den Separatisten kontrollierten Gebieten. Die russischen Anwälte dieser Gefangenen berichten, dass einige von ihnen gefoltert werden – vor allem, um sie zu zwingen, von »Verbrechen des ukrainischen Militärs gegen die Zivilbevölkerung des Donbas« zu erzählen. Am längsten wird der stellvertretende Vorsitzende der Partei UNA-UNSO, Mykola Karpjuk, in Russland festgehalten. Ihn hat man schon im März im weit vom Donbas entfernten Tschernihiwer Oblast entführt. Im April wurden auf der Krim vier weitere Ukrainer rechtswidrig festgenommen: der Filmregisseur Oleg Senzow, der Geschichtslehrer Oleksij Tschyrnij, der Fotograf Gennadij Afanasjew und der

Aktivist Oleksandr Koltschenko. Notieren Sie diese Namen, merken Sie sie sich – nicht ausgeschlossen, dass gerade jetzt, in dieser Minute, einer von ihnen in einem Moskauer Untersuchungsgefängnis unaussprechliche Folterqualen erleiden muss. Die bekannteste Gefangene ist eine Frau, die Militärpilotin Nadija Sawtschenko, die seit 18. Juni in Gefangenschaft ist. Die Separatisten haben sie im Gebiet Luhansk entführt und den russischen Geheimdiensten übergeben. Organisiert und persönlich geleitet wurde die Operation vom derzeitigen »Oberhaupt der Luhansker Volksrepublik«.

Braucht es noch weitere Beweise, dass die Donbaser Separatisten direkt und uneingeschränkt vom Kreml gesteuert werden? Was heißt hier »Volksrepubliken«, »Aufständische«, »Rebellen«? Es sind Verbrecher und banale Marionetten!

Ein weiterer Aspekt, den ich hier nennen muss, ist die Lage auf der Krim insgesamt und die ihres indigenen Volkes im Besonderen. Flüchtlinge von der Krim und Menschenrechtsaktivisten haben eine interaktive Karte angefertigt, auf der alle Fälle von Menschenrechtsverletzungen auf der Halbinsel eingetragen sind. Seit dem 24. Februar 2014 (dem Beginn der russischen Intervention) bis heute wurden 103 Verletzungen von bürgerlichen und politischen Rechten festgestellt, 70 Verletzungen der Rechte der indigenen Völker und nationalen Minderheiten, 65 Verletzungen kultureller und religiöser Rechte und 139 Verletzungen sozialökonomischer Rechte. Wenn im Frühling, zu Beginn der Okkupation der Krim, überwiegend proukrainische Aktivisten verfolgt wurden, so verstärkt sich in letzter Zeit vor allem der Druck auf die Krimtataren. Wie Sie wissen, wurde dieses Volk schon einmal auf Befehl Stalins aus seiner Heimat deportiert. Heute bemüht sich die Okkupationsmacht, solche Lebensbedingungen für sie zu schaffen, dass sie die Halbinsel auch ohne eine von oben angeordnete Deportation verlassen, freiwillig und massenhaft.

Seit Beginn der Okkupation wurden 21 Vertreter des Volkes der Krimtataren entführt, einige wurden später tot und mit Folterspuren aufgefunden. Am häufigsten werden Kinder, Teenager und junge Männer krimtatarischer Nationalität zur – verzeihen Sie – Beute dieser Safari.

Ich lese all diese offiziell belegten Fakten und versuche, nicht verrückt zu werden. Wo und mit wem geschieht all dies? Geschieht es wirklich bei uns, in meinem Land, in Mittelosteuropa? Oder hat der große geopolitische Schürer dieses Konfliktes genau das erreicht – uns für immer aus Europa zu drängen und in einen ganz anderen »Erdteil« zu treiben, irgendwo in die Nähe von Afghanistan, Irak und Syrien? Im Bewusstsein vieler Europäer sind wir schon dort. Sie glauben, bei uns herrscht ewige Krise. Die »Krise in der Ukraine«.

Zurück zu den Entführungen mit darauffolgenden Folterungen und Morden. Diese sind charakteristische Elemente einer klar erkennbaren Handschrift. Und zugleich eines der am weitesten verbreiteten Verbrechen gegen die Menschlichkeit, die das Regime Janukowytsch so aktiv an uns auf dem Maidan verübte, wobei es gewissenhaft die Instruktionen der Moskauer Führung befolgte. Die Menschen des Maidan verschwanden von Anfang an. Um den Maidan herum kreisten immer »Kerle sportlichen Typs« und andere »Schleicher«. Unter meinen Freunden gab es niemanden, der nicht Anzeichen dafür bemerkt hätte, dass er verfolgt und sein Telefon abgehört wurde. Es war äußerst gefährlich, sich in der Stadt einzeln oder in kleineren Gruppen zu bewegen – Leute mit Maidan-Symbolik konnten auf Schritt und Tritt angegriffen und von unbekannten »Hooligans« oder »Besoffenen« schwer zusammengeschlagen werden. Nur mitten auf dem Maidan fühlte man sich mehr oder weniger sicher, hinter den Barrikaden, umgeben von zehntausenden Gleichgesinnten. Manchmal aber musste man einfach nach draußen – heim, zu Verwandten und Freunden, Dinge erledigen. »Sie« beobachteten unsere Bewegungen genau. Auf diese Art wurde am 25. Dezember die bekannte Journalistin Tetjana Tschornowol angegriffen und bewusstlos geprügelt (geplant war, sie zu Tode zu prügeln, aber sie hatte Glück). In der zweiten Januarhälfte kam es zu einigen aufsehenerregenden Entführungen. Das Regime und die ihm nahestehenden kriminellen Elemente unternahmen ihre Beutezüge auch in Krankenhäusern, wo Maidan-Demonstranten wegen ihrer Verletzungen behandelt wurden, die sie sich bei den Auseinandersetzungen mit den Sondereinheiten der Polizei auf der Hruschewskyj-Straße zugezogen hatten. Aus dem Krankenhaus wurden der Aktivist Ihor Luzenko und der Lemberger Gelehrte und Bergsteiger Juri Werbyckyj entführt. Mehrere Tage lang wurden sie in einem unbekannten Versteck im Wald bei Kiew gefoltert. Der von der Folter halb bewusstlose Luzenko wurde danach aus einem Auto auf den Waldweg gestoßen und überlebte wie durch ein Wunder. Die entstellte Leiche Werbyckyjs wurde einige Tage später in ebenjenem Wald aufgefunden.

Es wurde immer gefährlicher, in Kiew ein Krankenhaus aufzusuchen. Dort lauerten Polizei und Banditen auf solche wie uns. In jenen Tagen schrieb mir die hier schon einmal erwähnte Herta Müller: »Mich erinnert die Ermordung von Verletzten in den Kliniken an das Ende der Ceauşescu-Diktatur. In Temeswar wurden auch viele Oppositionelle im Krankenhaus erschossen. Offensichtlich hat sich diese russisch-sowjetische Praxis auch in der Ukraine gehalten.« In meiner Antwort bemerkte ich, dass sich alles erhalten hat und dass wir unseren Präsidenten schon seit geraumer Zeit nur noch »Januschescu« nennen.

Ja, es war eine entsetzliche repressive Maschinerie, deren Motor in Moskau saß. Es ist traurig und schrecklich, aber unmöglich zu verschweigen – 29 Teilnehmer des Euromaidan sind bis heute verschollen. Ohne Zweifel sind sie nicht mehr am Leben. Wo aber befinden sich ihre Leichen – verscharrt, verbrannt, irgendwie anders vernichtet? Was bleibt ist der Glaube, dass alles Geheime einmal ans Licht kommt und die Untaten gesühnt werden.

In Zusammenhang mit der beschriebenen Atmosphäre konsequenter Einschüchterung, Verfolgung und praktisch pausenloser Eskalation durch die damalige Staatsmacht sticht ein weiterer Aspekt hervor – das Problem der Rechten. Es gibt sie tatsächlich. Während der revolutionären Ereignisse auf dem Maidan wurde der »Rechte Sektor« immer häufiger erwähnt. Er war Realität, kein Fake. Fake ist jedoch sein antisemitischer oder neofaschistischer Charakter. Als die Spezialkräfte der Polizei, denen die Straflosigkeit zu Kopfe gestiegen war, im Januar des Jahres massenhaft zu foltern und zu erniedrigen begannen, als sie gezielt auf Frauen, Ärzte und Journalisten schossen, als bei den Auseinandersetzungen auf der Hruschewskyj-Straße die Luft bitter wurde vom Feuer und Rauch der brennenden Reifen, reichten die Kiewer Juden, wie alle anderen Kiewer, dem »Rechten Sektor« Molotow-Cocktails und Pflastersteine. Die Kiewer Rechten verteidigten die Kiewer Juden vor den Verbrechern in Polizeiuniform – was soll daran verwunderlich sein? Meiner Ansicht nach gar nichts, wenn man sich ins Gedächtnis ruft, dass der Maidan die verschiedensten sozialen Schichten, ethnischen Gruppen, sprachlichen und weltanschaulichen Gemeinschaften vereinte, dass er die gesamte Ukraine abbildete in ihrer heutigen Komplexität und Widersprüchlichkeit. Keine einzelnen Regionen, nicht etwa irgendwelche »Nationalisten«, sondern die ganze komplizierte und dramatisch zerschnittene soziale Struktur des Landes mit seinen Studenten, Bauern, Intellektuellen, Ultras, Anarchisten, mit seiner noch existierenden Arbeiterklasse, seinen Unternehmern, Afghanistan-Veteranen und ehemaligen Offizieren der israelischen Armee, mit seinen großartigen mutigen Frauen und allen anderen, den Ukrainisch- und den Russischsprachigen.

Sogar die Krishna-Anhänger – diesen Anblick werde ich nie vergessen – kamen mit Baseball-Schlägern zu uns auf den Maidan, um ihre Nächsten zu verteidigen, wie es Krishna Ardshuna gelehrt hat.

Meine ausländischen Bekannten zweifeln. Das Zweifeln ist ein von Grund auf positiver Charakterzug des echten Europäers. Als echte Europäer zweifeln also auch meine Bekannten. Sie fragen, ob es denn überhaupt möglich sei, dass das Gute nur auf einer Seite liege und das Böse auf der anderen. Ob nicht die Wahrheit irgendwo dazwischen sei?

Ich verstehe: Sie wollen nicht nur dem Kreml, sondern auch seinen Marionetten-»Separatisten« die Chance geben, nicht das absolut Böse zu sein. Das postmoderne Bewusstsein fordert, den Konflikt auszublenden, und negiert alles Schwarz-Weiße. »Militär-Feld-Richter«, Todesstrafe und Folter sind meinen Bekannten zu wenig. Sie suchen Schuldige auf beiden Seiten des Konflikts. Genau für solche Fälle existiert das wunderbare deutsche Wort »Ausgewogenheit«.

Putin kennt die Europäer, und er kennt diese Besonderheiten des europäischen ausgewogenen Denkens. Darum die schon erwähnte Schiedsrichter-Rolle. Ich erlaube mir noch einmal, aus seinem Interview für das deutsche Fernsehen zu zitieren: »Ich sage Ihnen ganz offen, es ist kein Geheimnis, die Menschen, die gegen die ukrainische Armee kämpfen, sagen: ›Das sind unsere Dörfer, wir stammen von hier. Hier wohnen unsere Familien, unsere Freunde und Verwandten. Wenn wir abziehen, kommen die nationalistischen Bataillone und bringen alle um. Wir ziehen nicht ab, da müsstet schon ihr selbst uns umbringen.‹« Und weiter, wie es einem gerechten Schiedsrichter geziemt: »Natürlich versuchen wir, sie zu überzeugen, wir reden mit ihnen, aber wenn sie solche Dinge sagen, dann, verstehen Sie, gehen uns die Argumente aus.«

Aber was weiß Putin wirklich über diese Menschen und diese Dörfer? Mit wem spricht er eigentlich, und auf wen, außer Professor Dugin, hört er?

Das ist kein Bürgerkrieg, kein Krieg eines Teils der Ukrainer gegen einen anderen, noch weniger ist es ein Krieg des »russisch-sprachigen Ostens« gegen den »ukrainisch-sprachigen Westen«. Das Recht auf Muttersprache, wenn es gefährdet ist, verteidigt man mit dem Verstand, nicht mit dem Gewehr. Sogar in der angeblichen »Hochburg der Separatisten«, Donezk, kamen noch im April zu proukrainischen Demonstrationen mehr Leute zusammen als zu »separatistischen«. Heute allerdings sind die meisten dieser Menschen nicht mehr in Donezk – sie wurden gezwungen wegzufahren, zu verschwinden, umzukommen. Einige von ihnen wurden unter den zu Tode Gefolterten identifiziert. Andere müssen noch identifiziert werden.

Das ist kein Bürgerkrieg. Es ist der nicht erklärte Krieg des Staates Russland gegen seinen Nachbarn, die souveräne Ukraine. Und weil er noch nicht erklärt ist, wird er bisher mit begrenzten Kräften geführt. Also bombardiert die russische Luftwaffe unsere Städte noch nicht, und von den »Mistral«, die Russland demnächst Frankreich abpressen und ins Schwarze Meer schicken wird, steigen noch keine Kampfhubschrauber auf. Es ist ein Krieg im Spezialoperations-Format, ein Krieg von Saboteuren und Sturmtruppen, paramilitärischen »Rekonstrukteuren« und Banditen, aber auch banalen Söldnern und einer wenig zahlreichen, aber gut bewaffneten fünften Kolonne. Es ist ihr Krieg gegen alles Demokratische, Liberale, Europäische, Westliche. Die postrevolutionäre Ukraine wurde zum ersten Opfer dieser Aggression, aber auch – unerwartet für den Aggressor – zum ersten ernsthaften Hindernis auf seinem Weg. Nicht nur, dass sie ihre Verteidigungslinie hält – sie wäre auch längst mit diesem »Bürgerkrieg« fertig geworden, wenn der Präsident des Nachbarlandes nur endlich aufhören wollte, die von ihm abhängigen »Aufständischen der Volksrepubliken« mit Panzern, »Tornados« und »Hurrikans« zu versorgen sowie mit regulären Armeeeinheiten.

Wie kann er gezwungen werden, damit aufzuhören?

Diese Frage, genauer: die gemeinsame Suche nach einer Antwort sollte heute Ukrainer und Europäer einen. Unterstützen Sie die Ukraine – nicht nur sie ist heute in Gefahr. Und nicht nur die Baltischen Staaten, Polen oder Rumänien. Wir haben einen außergewöhnlich kleinen und, ehrlich gesagt, außergewöhnlich brüchigen und sensiblen Kontinent. Er glaubte, so wunderbar für seine Sicherheit gesorgt zu haben, in diesem Bereich so viel erreicht zu haben. Aber es genügt eine einzige Person im Kreml und alles erzittert und erbebt.

In der Ukraine hat Europa gewonnen. Aber Europa wird vielleicht in Europa selbst verlieren – wenn Europa sich von sich selbst lossagt und sich durch eine Mauer von Unverständnis und Gleichgültigkeit von der Ukraine abschottet. Unser Land sollte vom Westen gerade jetzt als ein Teil Mitteleuropas betrachtet werden, als ein Vorposten des Westens, der heute nicht nur die eigene Freiheit und seine europäische Zukunft verteidigt, sondern auch die westlichen liberalen Werte überhaupt.

Meinen Dank dafür, Laureat eines so bedeutenden Preises zu sein, verbinde ich mit der Hoffnung, dass wir – trotz allem – Verbündete sind, dass wir uns mit der Zeit immer besser verstehen, uns annähern werden und auf diese Weise, um eines der Vorbilder meiner Jugend zu zitieren, dem Frieden eine Chance geben.

2014

Die allerneuesten Enthüllungen oder Karl Marx Revisited

»Der überwältigende Einfluss Russlands hat Europa zu verschiedenen Epochen überrascht, hat die Völker des Westens aufgeregt, und sie haben sich darein wie in ein unvermeidliches Schicksal ergeben oder sich ihm lediglich in Krämpfen widersetzt.«[1] Diese Zeilen von Karl Marx sind bald 160 Jahre alt, aber es wäre falsch, sie als veraltet zu bezeichnen. Es scheint nämlich, als sei wieder einmal eine jener, nach Marx, »verschiedenen Epochen« angebrochen, in der Russland Europa unzweideutig seine militärische Macht demonstriert und sein Präsident – nicht unbedingt im Spaß, aber auch nicht ganz ernst gemeint – damit droht, die Hauptstädte europäischer Länder in einigen Tagen oder Wochen zu erobern.

Es kann in Europa heute niemandem schaden, Putin zu verstehen und sich in den vielfältigen Aspekten seines unheilvollen Humors zurechtzufinden. Und um den russischen Präsidenten zu verstehen, lohnt es sich auf jeden Fall, einmal wieder Marx zu lesen. Umso mehr, als Marx' Werk »Enthüllungen zur Geschichte der Diplomatie im 18. Jahrhundert« eine sehr gute wissenschaftliche Studie über die Geschichte der russischen

1 Zitiert nach: Karl Marx: Enthüllungen zur Geschichte der Diplomatie im 18. Jahrhundert. Übersetzt von Elke Jessett und Iring Fetscher. Herausgegeben und eingeleitet von Karl August Wittfogel. Frankfurt a. M. 1980.

Staatlichkeit darstellt sowie – das ist für uns heute wichtiger – über die Besonderheiten jener Staatlichkeit, dazu noch eine Alternative zum offiziellen russischen Konzept.

Vielleicht lohnt es sich, in Erinnerung zu rufen, wann und auf welche Weise die »Enthüllungen« das Licht der Welt erblickten. Zuerst war da eine Reihe von Artikeln, die Marx in englischer Sprache schrieb und in Fortsetzungen zwischen August 1856 und April 1857 in der Londoner Monatsschrift »The Free Press« publizierte. Unter dem Begriff »heutiges Russland«, dem wir in jener historischen Studie ziemlich oft begegnen, ist also das Russische Reich irgendwo zwischen Zar Nikolaus I. und Zar Alexander II. zu verstehen, zwischen dem Nikolaus'schen 1848 (dem Jahr der Niederschlagung der europäischen Revolutionen, als Russland seinem völlig verdienten Titel »Völkergefängnis« den nicht weniger verdienten Titel »Gendarm Europas« hinzufügte) und dem Alexandrinischen 1861 (dem Jahr, als in Russland offiziell die Sklaverei der Bauern abgeschafft wurde). Der Begriff der russischen Sklaverei ist bei Marx übrigens zentral – der Begründer des wissenschaftlichen Kommunismus wusste darüber hervorragend Bescheid: »Der blutige Schlamm mongolischer Sklaverei (…) war Moskaus Wiege, und das moderne Russland ist nur eine Metamorphose dieses mongolischen Moskaus.«

Wenden wir unsere Aufmerksamkeit für einen Moment dieser für Marx typischen expressiven Metapher vom »blutigen Schlamm« zu – sie ist so treffend wie schonungslos und enthält kein Jota Übertreibung. Merken wir uns außerdem die erwähnte »Sklaverei« als ein von Marx hervorgehobenes Phänomen, auf das wir noch zurückkommen werden.

Es war Marx' Tochter Eleanor, die die »Enthüllungen« zu einem eigenen Buch zusammenstellte und herausgab. Es erschien 1899 kurz nach ihrem Freitod. Eleanor hatte ganz richtig gesehen, dass Marx' Studie auch nach vierzig Jahren nichts von ihrer Eindringlichkeit und Aktualität verloren hatte.

Aber was heißt hier vierzig Jahre! In der Ukraine wurde sie nach 130 Jahren zu einer echten intellektuellen Sensation – Ende der 1980er Jahre, als das Russische Reich in seiner damaligen Version »Sowjetunion« wankte und Dutzende ukrainischer Aktivisten, vor allem junge, Marx' Thesen aus der »Geheimen Diplomatie« (so lautete der Titel damals im Samisdat) in ihr weltanschauliches Arsenal aufnahmen.

Wer aber hätte gedacht, dass wir die »Enthüllungen« nach einem vollen Vierteljahrhundert (und was für einem!) erneut brauchen können – wenn nicht alle, so doch wenigstens das vierte Kapitel, »Vorbemerkungen über eine allgemeine Geschichte der russischen Politik«?

Da ist zum Beispiel Folgendes zu lesen: »Aber mit der Faszination, die Russland ausübt, geht eine immer wieder auflebende Skepsis einher, die Russland wie ein Schatten verfolgt, mit seinem Wachstum wächst, schrille Töne der Ironie in die Schreie der gequälten Völker mischt und seine tatsächliche Größe als theatralische Pose verspottet, die *nur dazu diene, zu blenden und zu täuschen*« (Hervorhebungen hier und im Weiteren von mir, J. A.).

Beachten wir diese Metapher – die Welt blenden und täuschen. Sie mit falschem Glanz blenden. Was könnte hier gemeint sein? Militärische Stärke? Wirtschaftliche Kraft? Territoriale Größe? Kulturelle Tiefe? Vielleicht macht das alles zusammen den russischen Glanz aus? Nur bitte ich zu bedenken: Marx nennt ihn falsch. Und wie wir wissen, weiß Marx seine Worte zu wählen.

Seit März des vergangenen Jahres 2014 wurde die deutsche Sprache aus bekannten Gründen um ein Wort bereichert, das man sich schwer in irgendeiner anderen Sprache vorstellen kann – *Putinversteher*. Wir Ukrainischsprachigen müssen es mit einem ziemlich langen Ausdruck übersetzen: derjenige, der Putin versteht. Obwohl ich seit einiger Zeit viel häufiger die Übersetzung »Putin-Sympathisant« oder »Putinophile« lese, muss ich zugeben, dass beides nicht ganz treffend ist. Besser als auf Deutsch kann man es eben nicht sagen.

Das Deutsche hat dieses Wort sogar anderen Sprachen geschenkt, es ist zu einem Fachbegriff geworden, der keiner Übersetzung mehr bedarf. Heute wird es von anglophonen und frankophonen Sprechern in aktuellen politischen Debatten praktisch ohne Übersetzung gebraucht. So wie bisher schon die deutschen Ausdrücke *Zeitgeist*, *Kindergarten* oder *Sauerkraut*.

In der hippen russischsprachigen Ressource putinversteher.su, die sich vor allem Mode und Stil widmet, ist zu lesen: »Indem Sie Kleidung der Marke Putinversteher tragen, unterstützen Sie nicht nur Putin – Sie fordern auch den Rest der Welt heraus, seine Aktiengesellschaften, Revolutionen, humanitären Bombardements, Doppelstandards und bärtigen Frauen.«

Man könnte jedes Element dieser sehr feinsinnigen Reklame näher betrachten, die Gleichzeitigkeit von einerseits linker Einstellung und Antiglobalismus (Ablehnung der Aktiengesellschaften), andererseits Konservatismus (Ablehnung von Revolutionen – natürlich solchen, die Russland »Farbrevolutionen« nennt). Westliche *soft power* wird mit der Metapher »humanitäre Bombardements« umschrieben. Sogar die Transsexualität, verkörpert durch Conchita Wurst, bekommt ihr Fett weg.

Das Interessanteste jedoch ist das Herausfordern des Restes der Welt. Den Rest der Welt herausfordern! Die bisherige Weltordnung verletzen und zerstören, oder wenigstens ernsthaft versuchen, sie zu zerstören! Es Al Kaida, dem sogenannten Islamischen Staat oder Nordkorea gleichtun – wie süß und verführerisch!

Warum gerade die deutsche Sprache ein so unübersetzbares Wort hervorgebracht hat, darüber lässt sich nur spekulieren. Vielleicht ist es die von den Deutschen oft beschworene deutsch-russische *Seelenverwandtschaft*, die hier wieder einmal ans Tageslicht kommt? Ich bin mir übrigens gar nicht sicher, ob die Russen um diese Verwandtschaft der Seelen (душевное родство) wissen. Einer aber weiß bestimmt davon – Wladimir Wladimirowitsch Putin hat schließlich lange genug in Deutschland gelebt.

Erinnern Sie sich an den Dialog der Studenten in der Scheune bei Thomas Mann? In der Kunst, meint dort einer von ihnen, habe der Westen die Form, die Russen die Tiefe. Beides zusammen hätten nur die Deutschen.

Ich möchte diese Tiefe begreifen. Möchte die Deutschen verstehen, die »Putin verstehen«. Wieso verstehen sie ihn so gut? Vielleicht könnte ich die deutsche Sprache um ein weiteres Wort bereichern, indem ich zu einem werde, der jene versteht, die Putin verstehen, also zum Putinversteher-Versteher.

Wie gelingt es dem »kleinen Mann aus dem Kreml«, mit so durchschlagendem Erfolg auf das Bewusstsein wichtiger deutscher Intellektueller Einfluss zu nehmen, die doch sonst so skeptisch und kritisch sind und sich traditionell der unvoreingenommenen Analyse und (fast reflexhaft) der *Ausgewogenheit* verpflichtet fühlen? Womit hat er sie so hypnotisiert, dass sie sich sogar weigern, das Offensichtliche anzuerkennen? Zum Beispiel, dass er ein Aggressor ist, der auf dem Gebiet eines souveränen Nachbarstaates einen »hybriden Krieg« entfacht hat und weiterführt. Wie kann man das nicht sehen und sich stattdessen auf nachmalig zwar wichtige, jedenfalls aber weniger entscheidende Details des Konflikts konzentrieren?

Bei Karl Marx haben wir schon davon gelesen: blenden und täuschen.

Das ist es, was Putins Russland tut – es blendet und täuscht, vor allem mit totaler Propaganda, die nicht mehr von der guten alten Maschine des Marx'schen Industriekapitalismus produziert wird, sondern von einer Art transglobalem Generator, einer virtuellen Korporation von Erfindungen, Gerüchten, Manipulationen und Trolling.

Aber Propaganda allein – selbst eine so omnipotente – ist vielleicht zu wenig, um vollumfänglich »Putin zu verstehen«. Welche anderen Quellen und Komponenten gibt es? Wollen wir darüber gemeinsam nachdenken? Ich wäre meinen deutschen Freunden und Kollegen sehr dankbar, wenn wir das gemeinsam untersuchen würden. Vielleicht schon hier, in Lemberg?

Noch einmal zurück zu Marx. In jenem vierten Kapitel schreibt er unter anderem auch Folgendes: »Andere Reiche sahen sich in ihren Anfängen ähnlichen Zweifeln ausgesetzt; Russland ist zum Koloss geworden, ohne sie auszuräumen. *Es liefert uns das in der Geschichte einzige Beispiel eines ungeheuren Reiches, dessen tatsächliche Macht, selbst nach weltweiten Leistungen, nie aufgehört hat, als eine Sache des Glaubens und nicht als eine Tatsache zu erscheinen.«*

Diese Marx'sche Beobachtung ist auch deswegen wertvoll, weil sich darin vielleicht die Antwort auf das Problem der permanenten russischen Aggression verbirgt. Im Jahr 1900 schrieb der russische General Kuropatkin in einem Memorandum an den Zaren, Russland habe sich in den vorangegangenen 200 Jahren 128 Jahre im Kriegszustand befunden, und nur 72 im Frieden. Von jenen 128 Jahren entfallen fünf auf Verteidigungs- und 123 auf Angriffskriege. Der Autor des Memorandums konnte nicht wissen, dass Russland später, im Laufe des 20. Jahrhunderts, in Gestalt der »Sowjetunion« weitere zwölf Kriege führen würde, von denen nur einer sozusagen teilweise ein Verteidigungskrieg war. Die kleineren Kriege, die sich verschämt hinter dem Ausdruck »lokale Konflikte« verbergen, gar nicht mitgerechnet.

Mit anderen Worten, Russland hat ein ständiges immanentes Bedürfnis zu kämpfen. So beweist es der Welt und sich selbst immer wieder seine Macht, die, nach Marx, *»nie aufgehört hat, als eine Sache des Glaubens und nicht als eine Tatsache zu erscheinen«*. Der russische Dichter Tjutschew hat Russland als besonderes Symbol des Glaubens dargestellt: »Es hat sein eigenes Gesicht. Nur glauben kann man an das Land!«

Und man glaubt natürlich daran.

Das Gefühl eines großen und ziemlich verzweifelten Bluffs verlässt mich schon seit Beginn der russischen Aggression gegen die Ukraine nicht mehr (März 2014, Krim). Mir bleibt nur, eine Parallelgeschichte zu erfinden, die es nie gegeben hat. Aber trotzdem – was, wenn dort und damals, auf der Krim im März 2014, die großen Spieler, vor allem die Garantiemächte der ukrainischen Unabhängigkeit, Großbritannien und USA, Russland Widerstand geleistet und es gestoppt hätten, wozu es nicht einmal unbedingt eines direkten militärischen Eingreifens bedurft hätte? Wenn sie nur einfach klar und deutlich erklärt hätten: »Keinen Schritt weiter!«?

Stattdessen haben wir in der Ukraine seit Beginn der russischen Aggression die unmissverständlichen Versicherungen des Westens, vor allem unserer Garantiemächte, gehört, dass ihre Armeen nicht für uns in den Krieg ziehen werden. Natürlich hat diese regelmäßig wiederholte Message Putin zu immer frecherem Vorgehen angestachelt. Die militärische Eskalation im Donbas und die subversiven terroristischen Akte in anderen Regionen unseres Landes waren vor allem dadurch möglich geworden, dass der Westen schockiert war und nicht mit der notwendigen Entschiedenheit reagiert hat. Unsere westlichen Partner, so schien es uns in dem Moment, fürchteten die russische Allmacht viel mehr als wir. »Wir würden euch verteidigen, wenn die Ukraine NATO-Mitglied wäre«, sagten sie zu uns. »Dann nehmt uns in die NATO auf«, sagten wir. Wir sagten das nicht ohne Grund: wie ernsthafte Umfragen belegen, wollen dieser Tage mehr als 60 Prozent der Ukrainer aus allen Regionen des Landes ihr Land als Mitglied der NATO sehen. Aber die Antwort von dort heißt: »Wir nehmen euch nicht auf, denn sonst müssten wir euch verteidigen.«

Eigentlich keine schlechte Logik. Ihre Folgen zum heutigen Tag sind über zehntausend Tote auf ukrainischer und russischer Seite und – eine eigene Kategorie – dreihundert tote Passagiere und Crewmitglieder der malaysischen Boeing. Dazu mehr als eine Million Flüchtlinge und komplett zerstörte Infrastruktur in einer wichtigen Region im Osten Europas.

Der Westen kann wohl kaum stolz sein auf eine so folgenschwere »grundsätzlich friedliche« Politik.

Und hier noch eine überaus interessante Passage des hellsichtigen Marx: »Vom Beginn des 18. Jahrhunderts bis zu unseren Tagen hat kein Autor umhingekonnt, einerlei ob er Russland preisen oder rügen wollte, *zunächst seine Existenz zu beweisen.*«

Dass »es« wirklich existiert – das steht für uns in der Ukraine heutzutage außer Zweifel. Die Beweise von Russlands Existenz sind mehr als ausreichend, und sie manifestieren sich

in frischen Gräbern im ganzen Land – vor allem Soldatengräber, aber auch Gräber aller anderen, die ihr Leben in dieser »Ukraine-Krise« verloren haben;

in Verwundeten, Verbrannten und Verkrüppelten in den Lazaretten, Sanatorien und einfach unter uns, in unserem Alltag – jenen, die für immer das Augenlicht, das Gehör, ihre Gliedmaßen, die Sprache, den Schlaf verloren haben;

in den psychisch Ruinierten, die ihren entsetzlichen Halluzinationen ausgeliefert sind, für die die Existenz allen Sinn verloren hat und die weder leben noch sterben können;

in den Flüchtlingen und Vertriebenen, die ihre Wohnung, ihr Haus, ihren Platz, ihre Arbeit, ihren Besitz verloren haben ...

Von den kleinen, weniger bedeutenden Verlusten ganz zu schweigen. Wir sind ein Land der Verluste geworden, und am traurigsten ist, dass die meisten dieser Verluste unersetzlich sind.

Angesichts all der tragischen Aspekte, angesichts der Verluste muss man fragen »wofür?« und »warum?«. Was bedeutet diese Prüfung durch Russland? Denn es kann doch wohl nicht sein, dass darin kein höherer Sinn liegt, keine, um es so zu sagen, Metaphysik?

Auch hier gibt Marx die Antwort: »Das moskowiter Reich wurde in der schrecklichen und nichtswürdigen

Schule mongolischer Sklaverei genährt und aufgezogen. Zu Kräften gelangte es nur, weil es in der Kunst des Sklaventums zum Virtuosen wurde.«

Wenn das so ist und Marx recht hat (und wahrscheinlich hat er recht), dann ist das die Ursache unserer Prüfungen: Die Ukraine hat es gewagt, ihrem jahrhundertelangen »Lernen« in der russischen Schule der Sklaverei ein Ende zu setzen. Für Russland ist die Ukraine aber ein so wichtiger Schüler in dieser Kunst, dass die ganze Schule geschlossen werden müsste, wenn dieser Schüler ginge. Das hieße für Russland, sein Wesen zu verändern und – wie sagt man – ein anderes Russland zu werden. Ein Russland – kaum zu glauben – ohne Sklaverei.

Ich habe schon häufiger davon geschrieben, dass sich im vergangenen Vierteljahrhundert unter den Ukrainern die feste Überzeugung gebildet hat, dass es für uns keine bessere Alternative als die europäische gibt. Dass sich dieses Bewusstsein bei der Mehrheit der Ukrainer erst nach und nach verfestigt hat, ist nur allzu verständlich. Wir sind herangereift, wir reifen immer noch. Ja, wir haben uns selbst gesucht, sind oft auf Abwege geraten und haben uns geirrt. Aber schon im Jahr 2004, auf dem ersten, damals orangen Maidan haben wir einen sehr überzeugenden Versuch absolviert.

Es ist für uns lebenswichtig, dass man uns in diesem Streben weg von der Sklaverei versteht. Beziehungsweise weniger uns als die Umstände, in denen wir uns gezwungenermaßen wiederfinden, unser *wrong time* und *wrong place*, warum das alles gerade uns zustößt. Und wie diese unsere Wahl überhaupt zu verstehen ist, die so oberflächlich, leichtsinnig, klischeemäßig und schematisch »europäische Wahl« genannt wird.

Rücksichtslos Friedrich Engels paraphrasierend, dem das wohl kaum gefallen hätte, wollen wir es den »Sprung aus dem russischen Reich in die Freiheit« nennen.

2015

Der Fürst auf dem Pferd

Aus dem fernen Osten der Ukraine, wo der »hybride Krieg« schon seit 16 Monaten kaum einen Augenblick pausiert, schreibt man, dass die Kämpfer der illegalen bewaffneten Einheiten – unter denen sich allerdings viel zu viele Angehörige der legalen russischen Armee befinden – von einer berühmten Anhöhe über dem Fluss Siwerskyj Donez bei Stanyzja Luhanska die ukrainischen Soldaten mit Mörsergranaten beschießen. Die Anhöhe ist vor allem deshalb berühmt, weil dort im Jahr 2003 ein Denkmal für den Fürsten Ihor und seine Mannen errichtet wurde. Heute verstecken sich die illegalen Kämpfer hinter Ihors Armee. Sie ist aus bronzebeschlagenem Beton, kann also im Fall des Falles als durchaus zuverlässiger Schutzwall dienen. Vor allem, da die ukrainische Seite im Rahmen der Minsker Vereinbarungen gezwungen war, ihre gesamte Artillerie von der Kontaktlinie abzuziehen. Die anderen jedoch bombardieren sie aus Mörsergranatwerfern mit einem Kaliber von 122 mm, weswegen es in Stanyzja Luhanska derzeit wirklich heiß hergeht.

Beim Schreiben dieser Zeilen komme ich mir vor wie ein Kriegsberichterstatter. Aber dazu habe ich kein Recht, denn ich habe nicht eine Sekunde meines Lebens in der Kampfzone verbracht. Meine geringe militärische Erfahrung liegt tief in der Vergangenheit – in der ersten Hälfte der 1980er Jahre. Aufgrund meiner pazifistischen Überzeugungen habe ich damals mit aller

Kraft versucht, ein schlechter Soldat zu sein. Was mir auch gelungen ist.

Heute jedoch muss ich einfach über schwere Waffen und das Kaliber der Mörsergranatwerfer nachdenken. Aber nicht nur darüber. Auch über den malerischen Fluss Siwerskyj Donez, wo ich noch vor ein paar Jahren voller Lust getaucht und geschwommen bin, in einem warmen September. Jetzt ist der Fluss praktisch zur Frontlinie geworden.

Die monumentale Gegenwart von Fürst Ihor und seinen Mannen im Einzugsgebiet unseres heutigen »hybriden Krieges«, in direkter Nähe zur Frontlinie, ist schrecklich symbolisch. Dem westlichen Publikum werden der erwähnte Fürst und seine kriegerischen Abenteuer wohl weniger aus historischen als aus musikalischen Quellen bekannt sein – dank der bis heute populären Oper des russischen Klassikers Borodin mit ihren »Polowetzer Tänzen« und anderen Evergreens. Für die Bewohner der ehemaligen UdSSR ist Fürst Ihor jedoch vor allem ein literarischer Held. Um ihn geht es im ältesten bekannten Epos der Kiewer Rus, dem »Lied von der Heerfahrt Ihors« (»Igorlied«). Die Mehrheit der ernstzunehmenden Altslawisten hält diesen außergewöhnlich poetischen Text für echt, für die Schöpfung eines unbekannten Zeitgenossen des Fürsten. Obwohl manchmal auch behauptet wird, es handle sich um eine mystifizierende Fälschung vom Ende des 18. Jh. In Sowjetzeiten war das »Lied« als »gemeinsames Erbe des russischen, ukrainischen und belarusischen Volkes« Teil des Literaturunterrichts an den Schulen.

Zur besseren zeitlichen Orientierung verrate ich noch,

dass es sich um das Hochmittelalter handelt, genauer, das 12. Jahrhundert. 1185 führte Ihor den Feldzug einiger Fürsten der Rus gen Osten an, gegen die Polowzer. Das war ein turkstämmiges Steppen-Reitervolk, das ab und zu auf dem Wilden Feld östlich und südlich des Dnipro auftauchte. Ihors Heerfahrt gegen die Polowzer ist eine große Unternehmung, eine Art »Drang nach Osten« der Kiewer Rus, ihr aggressives kollektives Unterbewusstsein, das ein Ventil für seine Eroberungsambitionen suchte. Wobei es weniger um »Lebensraum« als um »die schönen Polowzer-Frauen« ging. Aber schließlich ist auch das keine außergewöhnliche Motivation: Die klassischen Kriege wurden vor allem um fremde Territorien und fremde Frauen geführt.

Die Heerfahrt Ihors endete in einer Katastrophe – die vereinigten Kräfte der Polowzer schlugen ihn vernichtend am Fluss Kajala. Ihor und einige weitere Fürsten gerieten in Gefangenschaft, aus der Ihor etwas später angeblich fliehen konnte. Ein gesondertes Kapitel des Epos ist der »Klage der Jaroslawna« gewidmet, der Gattin des Fürsten, die in der Burg ihrer Familie Putywl in Erwartung ihres gefangenen Mannes Tränen und Trauer verströmt.

Was den wirklichen Ort der Schlacht angeht, herrscht erhebliche Unsicherheit. Den Fluss Kajala werden Sie auf keiner Karte finden. Offensichtlich hat sich sein Name seit Ihors Zeiten geändert, was zu einigen sich widersprechenden Versionen geführt hat. Die verbreitetste besagt, bei der Kajala müsse es sich um einen Zufluss des Siwerskyj Donez handeln. Das Denkmal des Fürsten steht, wo es steht, da man davon ausging, dass der

Fürst eben von jener Anhöhe beim heutigen Stanyzja Luhanska die feindlichen Stellungen angegriffen hat. Der monumentale Held galoppiert auf seinem Pferd und hebt sein gezogenes Schwert hoch über den Kopf. Das Denkmal wurde auf Initiative der regionalen Nomenklatura errichtet, also der ideellen und finanziellen Sponsoren der heutigen »Separatisten«, daher auch seine komplette ästhetische Stümperhaftigkeit.

Ich versuche mir vorzustellen, wie die Kämpfenden von beiden Seiten des Siwerskyj Donez auf Fürst Ihor blicken. Für die ukrainischen Soldaten ist der Fürst fraglos ein Held der nationalen Vergangenheit. Sein Reiterstandbild mit großkalibrigen Waffen beschießen, das werden sie wohl auch unter kritischen Umständen kaum tun. Jede Geste mit Anspruch auf Symbolträchtigkeit oder wenigsten Theatralität erhält in diesem »hybriden Krieg« entscheidende Bedeutung. Vergessen wir auch nicht das für solche Exzesse immer empfängliche russische Fernsehen, das stets neue »Nachrichten produzieren muss«. Die Vernichtung des Fürsten Ihor durch ukrainische Soldaten wäre für die russische Propaganda ein Geschenk von unschätzbarem Wert. Ich sehe die Schlagzeilen schon vor mir – DIE UKRAINISCHEN FASCHISTEN HABEN DIE GEMEINSAME VERGANGENHEIT UNSERER BRUDERVÖLKER ZERSCHOSSEN.

Von der anderen Seite, der Seite der »Separatisten«, ist es komplizierter. In ihren Reihen kämpfen viele Nichtslawen – Söldner aus dem Nordkaukasus oder genetisch mit den alten Polowzern verwandte Burjaten. Für sie ist Fürst Ihor ein absolut fremder Held. Für die Burjaten, Kalmücken und andere asiatischen Völker ist er nicht einfach nur fremd, er ist ein Feind. Er und sein Heer haben einst ihre Vorfahren ermordet. Und jetzt ist er vor allem bronzebeschlagener Beton, hinter dem hervor man ungefährdet das gegenüberliegende Flussufer beschießen kann.

Die ganze Episode wird also zur absurden Metapher mit einem kräftigen Schuss Archaik. Nicht von ungefähr handelt es sich bei den Schöpfern des Krieges im Donbas vor allem um in historische Mythen verliebte Kreml-Geopolitiker und Fantasy-Autoren. Ihren Anstrengungen ist es zu verdanken, dass das 21. Jahrhundert aus dem Donbas vertrieben und ausgebrannt wurde. Die Raumzeit füllt sich mit einem neuen, entsetzlichen Mittelalter – Seufzern, Klagen, Gebeten und abgerissenen Gliedmaßen.

2015

Ostmitteleuropa – kurze Geschichte der Mutationen

Sehr geehrte Damen und Herren,

ich spreche hier vor allem unsere ausländischen Gäste an – bereits seit einigen Tagen befinden Sie sich in einer Stadt, in der vielleicht noch einigermaßen zu spüren ist, dass der Begriff Ostmitteleuropa, neben all seiner Fiktionalität (nicht Fiktivität), zumindest teilweise mit der Realität zu tun hat.

Architektur? Ja. Mal Renaissance, mal Barock, mal Klassizismus, aber alles stückweise, in Fragmenten und Ausschnitten, dazu jede Menge Eklektizismus, ein wenig Sezession und so weiter – Konstruktivismus, Funktionalismus plus Empire plus Moderne plus Sozialismus plus »den neuen süßen Stil« der gegenwärtigen Ukraine.

Menschenlandschaft? Ja. Was die Menschen anziehen. Was sie anhaben und zeigen. Wie sie überhaupt aussehen, wie sie erwachsen werden und wie sie alt werden.

Zu viel Religiosität? Ja.

Zu wenig Moderne? Ja. Das Fehlen der Moderne wird aber durch die Postmoderne kompensiert – von der gibt es genug, auch wenn man bis jetzt nicht weiß, was darunter zu verstehen ist.

Wir sind offensichtlich in Europa, aber diese Stadt ist schwer mit Amsterdam, Barcelona oder Mailand zu vergleichen. Während es hier durchaus ein wenig Budapest, ein wenig Prag und ein wenig Krakau gibt. Vielleicht sogar ein wenig Wien? Diese Stadt nannte man früher einmal das kleine Wien. Kleines Paris übrigens auch.

Europa? Ja. Wer »Asien« sagt, werfe den ersten Stein. Aber ein etwas anderes Europa. Ein Europa mit einem nach Osten verschobenen Schwerpunkt. Ostmitteleuropa (von nun an – OME).

* * *

Meine Verwendung dieses Begriffes ist höchst subjektiv, sie folgt meiner sehr persönlichen, subjektiven Maßgabe. Hier und heute will ich den Prozess seiner Entstehung nachzeichnen. Seit wann und womit *das* (bei mir persönlich) begonnen hat. Und vielleicht auch warum?

Weiter: Wie nahm *das* an Fasslichkeit zu, wurde zur Idee, wucherte in einer mehr oder weniger ganzheitlichen Form? Wie erreichte *das* mit einer gewissen »geopoetischen Theorie« sein Apogäum, fing langsam an zu verderben, zu zerfallen und zu verfallen – bis ich beinahe aufgab und einen Punkt daruntersetzte?

Und schließlich – wie es *es* heute zwar nicht schafft, sich in mir wiederzubeleben, mich aber doch an seine durchaus mögliche Reanimation erinnert.

Ich beginne am Anfang.

STADIUM 1

Eines Tages erfuhr ich, dass ich nicht weit vom Zentrum Europas lebe – die Große Geographische Entdeckung meines Lebens. Die Stadt, wo ich zur Welt kam und wo ich bis jetzt an der Welt hänge, ist nur hundert Kilometer davon entfernt. Diese Entfernung lässt sich selbst auf unseren Straßen in anderthalb Stunden zurücklegen. Das Zentrum Europas wurde im Dorf Dilowe beim Städtchen Rachiw ausfindig gemacht. Wie der Filmregisseur Stanisław Mucha festgestellt hat, gibt es auf unserem Kontinent mehr als siebzig Orte, die als Zentrum Europas gelten. (Es gibt einen sehr lustigen und lehrreichen Film von ihm zu diesem Thema: »Die Mitte«.) Die einheimische Bevölkerung aller dieser Orte ist sehr stolz darauf, dass es ausgerechnet ihnen bestimmt wurde, im eigentlichen Zentrum Europas zu leben.

Plötzlich fing auch ich an, stolz darauf zu sein. Um das Jahr 1985, im Sommer, schrieb ich ein Gedicht darüber, wie der Sommer kürzer wird, wie uns immer weniger Tage bleiben, wie die Touristen (frisch gebackene Pilger) in »erregten Schwärmen« in Richtung Karpaten (»in Brombeer-Länder«) vorbeifliegen. Und dann kam es:

Und sie wandern in Europas Juli-Zentrum,
zu den aufgemachten Gruben, Höhlen hin ...

Die Bewegungsrichtung verläuft, wie wir es sehen, südwestlich (zentripetal), von den Vorkarpaten aus, wo ich lebe, nach Transkarpatien, wo das Zentrum Europas liegt, und dahinter, noch weiter westlich, Ungarn und (damals) die Tschechoslowakei mit ihrem Prag.

Eine andere Richtung, nicht weniger wertvoll und edel war Lwiw – wie ein eigenartiges Post-Europa (der Ort, der mit Sicherheit schon einmal Europa war). Deshalb gibt es in meinen Gedichten, die in den 1980er Jahren geschrieben wurden, so viele Etüden aus dem alten

Lwiw. Wir haben uns bereits geeinigt, dass Lwiw das absolute und allertypischste OME ist.

STADIUM 2

begann an der Schwelle der achtziger und neunziger Jahre, als ich das lebendige Erbe der damals noch lebenden OME-Dissidenten für mich entdeckte – Czesław Miłosz, Zbigniew Herbert, Milan Kundera, György Konrád, Václav Havel, außerdem Hrabal, Kroutvor, Kuroń, Michnik und viele andere. Das Wesen ihrer Botschaften, die in den Zeiten der alternativlosen Herrschaft der kommunistischen Diktaturen formuliert wurden, bestand darin, die westliche Welt an die Tragödie Mitteleuropas zu erinnern (das, nach Kundera, in den Osten entführt worden war) und an eine besondere ästhetische Disposition der Bewohner dieses Weltteils (wie Konrád schrieb).

In diesem Kompendium fehlte mir persönlich ein ukrainischer Teil. Man hätte die westliche Welt auf Ukrainisch daran erinnern sollen, dass auch die Ukraine, zumindest ihr österreichisch-ungarischer Teil, zu OME gehört.

»Unsere lokale Apokalypse«, schrieb ich damals, »hat vor nicht allzu langer Zeit begonnen – im September 1939, als in die einem ungewissen Schicksal überlassenen ›herrschaftlichen‹ Wohnungen andere Leute einzogen, Zuwanderer aus den fernen Steppen, wo achtfingrige Riesen leben, wo man Wodka trinkt wie Wasser (und sogar statt Wasser), wo man rohes Fleisch isst und in den Kirchen tanzende Bären auftreten [...] Die Zugewanderten hatten allerdings nicht bedacht, dass die Inbesitznahme von Häusern auch mit bestimmten Verpflichtungen den Objekten gegenüber verbunden ist. Daß die Wände, Türen und Mansarden ständige Pflege erfordern. Dass die unbekannten Gewächse in den Gärten und auf den Veranden einer behutsamen Hand bedürfen, dass man die seltsamsten Vögel nicht mit pneumatischer Waffe abschießen darf, wie auch Dichter und Denker nicht mit der Feuerwaffe.«

Oder, in einem anderen Essay aus derselben Periode, wo zum Symbol von OME das zerstörte Observatorium in den Karpaten wird: »Der Komplex Europa – hier, in der abgelegensten aller europäischen Regionen, an der Grenze zu Nichteuropa, im exakt ermittelten Zentrum Europas. [...] Heute bieten seine Mauern vor Regengüssen Zuflucht. [...] Wanderer schüren Lagerfeuer in den Sälen oder auf den Gängen.«

Meine damalige Vision verallgemeinernd, bezeichne ich sie als Bruchstücke. Das sind vor allem die Bruchstücke der Wiener Habsburger-Welt, die durch den Ersten Weltkrieg zerstört, die aber im ästhetischen Sinne bis zum Zweiten Weltkrieg überdauert haben, um dann durch ihn endgültig vernichtet zu werden, genauer gesagt durch zwei widerstreitende, aber einander sehr ähnliche Regime.

STADIUM 3

trat mit dem allmählichen Verständnis ein, dass es nicht ausreichen würde, Kundera und andere zu ergänzen, indem man zur »Tragödie Mitteleuropas« die ukrainische Version der gleichen Apokalypse hinzufügte. Man müsste nach einem neuen Sinn OMEs suchen. Was konnte aus diesem Begriff damals, Ende der 1990er Jahre werden, in der freilich posttotalitären postkommunistischen Welt? Möglicherweise ging es um eine postpolitische Dimension.

So wurde im Laufe des Jahres 1999 »Mein Europa« geboren. Das ist der Titel eines gemeinsamen Buches mit Andrzej Stasiuk. Jeder von uns hat eine Hälfte geschrieben. Es sind zwei lange Essays »über den sonderbarsten Weltteil«, genauer gesagt über den Ort, den man für den eigenen hält. Im Titel meiner Hälfte, »Mittelöstliche Revision«, ist bereits jene Durchsicht (Re-Vision) miteinbezogen, die mir so notwendig erschien. Schade, dass die deutsche Übersetzung dieses Wort »Durchsicht« nicht enthält: Der Originaltitel musste geändert werden, weil Revision als Wort ästhetisch nicht besonders eindrucksvoll ist. Der deutsche Titel, »Mittelöstliches Memento«, gibt das Motiv der Erinnerung, der Abschiedstrauer halbwegs wieder, das jenen Essay durchdringt. Aber er reduziert die Bedeutungsfülle auf dieses eine Motiv.

Die postpolitische, besser gesagt die apolitische Dimension bestand für mich in der Konzentration auf das Intime und Familiäre. Es ist die Nachschrift einer Familiensaga, plötzlich niedergelegt in einem Gespräch mit dem engsten Freund. Es ist ein Dialog, nicht mit dem Patriarchen Miłosz oder mit Kundera, die viel älter sind als ich, sondern mit dem gleichaltrigen Stasiuk. Du trinkst mit ihm z. B. Wodka und erzählst. Dein Ort tauscht seinen Platz mit der Zeit.

Es stellt sich heraus, dass du viel mehr über die Zeit als über den Ort erzählst. Zu deinen Instrumenten werden zwei Abarten der Zeitmaschine – das Gedächtnis als das Vergangenheitskorrelat und die Hoffnung als das Zukunftskorrelat. Sie sollen voreinander geschützt werden, denn es sind in der Tat zwei Abgründe, und du befindest dich *jetzt* auf dem schmalen Grat dazwischen. OME ist für dich dein einziges Land geworden, wo nur dein Gedächtnis und deine Hoffnung Bedeutung haben.

STADIUM 4

Anfang der 2000er Jahre fand viel Katastrophales und Beunruhigendes statt. Das von Fukuyama erklärte Ende der Geschichte endete (vergeben Sie mir diese Tautologie – das Ende endete –, aber sie spricht für sich). Und das geschah bei weitem nicht nur am 11. September 2001. Zur selben Zeit beobachtet man die Rückkehr Russlands zu den alten geopolitischen Ambitionen und – unabdingbar damit verbunden – das Schrumpfen der Demokratie, ihre Unterdrückung, innerhalb des eigenen staatlichen Körpers. Zwei tschetschenische Kriege Russlands reichten nicht mehr für das tatsächliche »Sich-von-den-Knien-Erheben«. Russland erneuerte die Ansprüche auf die nahen westlicheren Territorien.

OME erwies sich als ebendiese Territorien.

Ein anderer interessanter politischer Prozess, der den Beginn der 2000er Jahre prägte, war die Erweiterung der EU nach Osten, in der deutschen Sprache unter dem inhaltsreichen Namen Osterweiterung bekannt.

Unsere westlichen Nachbarn, wie auch die baltischen Länder, bereiteten sich beinahe ausnahmslos darauf vor, »normale« Europäer zu werden, ohne Zusatz, weder

»mittel-, geschweige denn ost-«. Die Ukraine dagegen beließ man für immer in der grauen Zone des sogenannten postsowjetischen Raumes. Ich kann mich noch an den psychologisch ziemlich schmerzhaften Augenblick erinnern, als ich im Oktober 2003 zum ersten Mal ein polnisches Visum beantragen musste, um meinen Freund Stasiuk besuchen zu können. In einem diesem Thema gewidmeten Feuilleton schrieb ich: »Das Panorama vor dem Fenster unterschied sich kaum von dem bei uns. Dieselben Trabantenstädte, Kioske, ›wilden‹ Straßenmärkte mit Omas, die Petersilie, Karotten und allen möglichen Plunder verkauften. Wen wollen sie hier von wem trennen? Ist diese ganze ›Osterweiterung‹ nicht eigentlich ein Witz? Wie kann das sein: Brüssel beschließt, daß man mich nicht mehr nach Hause lässt? Denn hier bin ich ja doch zu Hause – es ist nicht ihr, sondern mein Europa, unser Europa, ein anderes Europa. Gut, dass es existiert.«

Dieses »andere Europa« vor östlichen und westlichen Expansionen zu schützen, begann ich mit einem Czernowitzer Freund ungefähr ein Jahr zuvor. Unsere Form des Schutzes bestand in der Zusammenstellung und Herausgabe einer ostmitteleuropäischen Zeitschrift im Internet. Einmal pro Jahr erschien sie in gedruckter Form, als Abschlussjahresausgabe. Sie hieß »Zug 76« und war tatsächlich ein Zug, mit allen Bedeutungen dieses Wortes. So wie sein Eisenbahnprototyp verband er nicht nur Czernowitz mit Przemyśl, Warschau mit Bukarest und Gdańsk mit Varna. Es ging auch darum, etwas in der Art »eines gemeinsamen Kulturraumes des neuen OME« zu schaffen. Nun gut, nicht zu schaffen, aber ihn zu erahnen, zu ertasten, indem man in ihm einzelne kulturell-künstlerische Erscheinungsformen registriert und fixiert.

Warum »des neuen OME«?

Weil sich mein Verständnis davon, was es darstellt, erneuert hat: »Ein in posttotalitärer Realität geeinter Raum zwischen Estland und Albanien«.

»Deshalb«, erklärte ich, »müßte mein OME auch Lettland und Litauen einschließen [...], außerdem [...] Moldova, Bulgarien, Serbien mit Montenegro, Kroatien und Mazedonien.«

Ich erwähnte weder Polen noch Tschechien, die Slowakei, Ungarn, Rumänien oder Slowenien, deren Präsenz im selben Raum für mich mehr als offensichtlich war. Dafür erwähnte ich die Meere – die Ostsee, das Schwarze Meer und die Adria.

In einem anderen Essay aus jener Zeit machte ich von folgender Beschreibung Gebrauch: »Mein OME ist also das ehemalige sozialistische Lager, der Ostblock. Die Gegenden, deren Bevölkerung die auf den Zweiten Weltkrieg folgende Aufteilung der Welt mehrheitlich als extrem unbefriedigend und kränkend empfand, weshalb ihre direkten Nachkommen die nächste, ihrer Meinung nach gerechtere Aufteilung freudig unterstützten.«

Wie hätte ich mich über diese neue Aufteilung nicht aufregen sollen? Für die Ukraine, die anscheinend in der demokratischen westlichen Welt von allen im Stich gelassen worden war, bedeutete sie den Abbruch aller europäischen Bestrebungen, deren Begräbnis.

Dass es nicht dazu kam, ist nur einem Wunder zu verdanken. Dieses Wunder hatte einen sehr konkreten Namen und eine kräftige Farbe. Es hieß Orange Revolution, die, wie ich 2006 schreiben würde, »überraschend zur Wiederbelebung des ganzen ethisch-weltanschaulichen Blocks, der gemeinhin als ›europäische Werte‹ bezeichnet wird, führte. Mit anderen Worten: Der Sieg der ukrainischen Revolution Ende 2004, wie fragil und kurzlebig er auch gewesen sein mag, wurde zum Sieg Europas *with a little help of the Ukrainian people*.«

Ausgerechnet damals besiegte die *Geopoetik* des orangen Karnevals im Zentrum Kiews die Geopolitik. Es gelang nicht, die Ukraine endgültig von Europa abzureißen und ihre europäische Perspektive ein für alle Mal zu schließen. In jenen Tagen veröffentlichte Andrzej Stasiuk seinen enthusiastischen Artikel unter dem bezeichnenden Titel »Europa, du bist größer geworden!«.

STADIUM 5

Bald stellte sich jedoch heraus, dass Europa in seiner brüssel-bürokratischen Erscheinungsform nicht größer werden wollte. Die Reaktion der offiziellen Stellen auf den orangen Durchbruch der ukrainischen Gesellschaft war mehr als kalt und zurückhaltend. Diese Zurückhaltung ermöglichte eine politische Revanche antieuropäischer Kräfte in der Ukraine in entscheidendem Ausmaß.

Gleichzeitig kam es zu einem allmählichen Herausdrängen OMEs aus den neuen EU-Staaten. »Es ist eine sanfte«, kommentierte ich 2005, »aber konsequente und stetige Verdrängung, die ihm keinen Raum mehr lässt. Die Ambiguität, das *Dasein dazwischen*, verschwindet auf allen Ebenen – von der Unifizierung der Landschaft zur Pragmatisierung der Mentalitäten. Dabei ist aber gerade das Bewusstsein (und daher auch das Sein) *zwischen Osten und Westen* für das OME-Selbstgefühl zentral. Das Verständnis, dass man sich dazwischen befindet, ist eine Art von Erkennungszeichen. Tschechien oder sagen wir Polen sind formal keine *Länder dazwischen* mehr – man hat sie eingeladen, Teil des Westens zu werden, und sie geben sich redlich Mühe. Stattdessen sind heute die Ukraine, Weißrussland und Moldova *Länder dazwischen*. Und die Ukraine von allen dreien am ausgeprägtesten: Im vierzehnten Jahr ihrer eher formalen Unabhängigkeit machte sie sich endlich unabhängig von Russland (dem Osten), bekam aber trotzdem vom Westen weder eine Einladung noch das Versprechen einer Einladung.«

Davon ausgehend, formulierte ich in demselben Essay (übrigens heißt er »Atlas. Meditationen«) die nächste Sicht auf OME – diesmal als einen beweglichen Raum: »OME ist in Bewegung geraten und driftet in östliche Richtung über ukrainisches Territorium. Dabei stößt es unausweichlich auf den Widerstand des Ostens, und wenn es auch übertrieben wäre, das Krieg zu nennen, so handelt es sich jedenfalls um einen brisanten Konflikt.«

Jedoch bestand damals »meine Ukraine« diese entscheidende Bewährungsprobe nicht – vor allem im Sinne der gesellschaftlich-politischen Wahl. Gegen Anfang 2006 verstärkte sich das Gefühl, dass OME in der Ukraine immer dramatischer zusammenschrumpfte und alles ringsumher sich in Richtung einer großen gesellschaftlichen Katastrophe bewegte.

Die antieuropäische Revanche habe ich bereits erwähnt. 2010 wurde sie besiegelt. Genauso besiegelt wurde OME als Prozess (u.a. als Driften in östliche Richtung). Westlich von uns erkannte man diesen Prozess und hatte immer weniger Mitleid. Im Osten war Russland. Und Russland übernahm – nicht einmal allmählich, sondern ziemlich entschlossen, wild, abrupt – die volle Kontrolle über die Obrigkeit in Kiew, die genauso entschlossen und wild die Kontrolle über jeden von uns und über das ganze Land übernahm.

Für mich persönlich bedeutete das einen weiteren Schub von Pessimismus, der an Verzweiflung grenzte. Beinahe selbstverständlich bestätigte sich die uralte und nicht ganz ernst gemeinte These über die Ukraine: Territorial war sie so groß, dass sie in kein Europa hineinpasse. Geschweige denn in das bereits damals ephemere OME. Über diese Ephemeriden weiter nachzudenken, sie zu entwickeln, ihre Wahrnehmung zu ändern und zusammen mit ihr neue Mutationen zu erleiden, das hatte keinen Sinn mehr. Es schien mir, dass man endgültig einen Schlusspunkt daruntersetzen sollte. Unter das eigene Leben eigentlich auch.

DAS LEBEN NACH DEM TOD ODER DAS POSTSTADIUM

Der Euromaidan, auch Revolution der Würde genannt, endete mit Toten, die symbolisch vom Anfang der Existenz unseres Landes in einer neuen Qualität zeugten. Das vorausgegangene Drama, das von Elementen eines Vaudevilles oder sogar einer Farce verwässert wurde, erhob sich auf das Niveau einer Tragödie, einer –

wollen wir hoffen – optimistischen. Die Witze sind zu Ende – die Dämonen (oder wenn Sie so wollen, die Engel) wurden freigelassen. Russlands Aggression, alle ihre Abarten (Wirtschaftsdruck, Massenkultur, Geheimdiplomatie, Absprachen hinter den Kulissen, Propaganda), einschließlich Militär- und Kriegsaggression, ließ uns keine andere Wahl als die europäische. Die Kehrseite dieser Entscheidung: Die europäische Wahl der Ukraine ließ Russland keine andere Wahl als die Aggression.

Es kam, was man die Stunde der Wahrheit nennt.

Die europäische Wahl ist keine Frage der ethischen Orientierung mehr oder gar der gesellschaftlich-politischen. Bei dieser Frage geht es um Leben und Tod. Genauer gesagt, um das Leben, nicht um den Tod.

Im April dieses Jahres diskutierten wir – was meinen Sie, worüber? – über die *neuesten* östlichen Grenzen Europas, was automatisch bedeutete, auch über dessen Zentrum. Es ist freilich bekannt (mindestens haben wir uns darauf geeinigt), dass sich Europas Zentrum dort befindet, wo es an Nicht-Europa grenzt. Das heißt, in der Verbindung »mittel-östlich« deutet die Bestimmung »östlich« auf die geographische Lage hin, während »mittel« auf die Wichtigkeit, den Sinn, die Tendenz, die Zukunft verweist.

Unsere öffentliche Diskussion fand in einer der östlichsten Städte der freien Ukraine, in Charkiw, statt. Genauer gesagt, im größten Hörsaal der Charkiwer Universität, im Großen Chemischen – er heißt tatsächlich so, der Große Chemische, und an jenem Abend war er völlig überfüllt, hunderte von Zuhörern waren gekommen. Der Zufall wollte es, dass an jenem Tag das Europaparlament für die Visafreiheit für ukrainische Bürger stimmte. Diese Nachricht brachte noch mehr Drive und sogar Euphorie in die ohnehin rege Atmosphäre des Großen Chemischen Hörsaals. Ja, das war Chemie, eine ganz besondere Chemie der Vermischung von Ideen und Emotionen.

Europas Zentrum befand sich an jenem Abend zweifellos dort. Ich möchte das Risiko eingehen und die Vermutung anstellen, dass OME heute vor allem Charkiw ist. Nicht mehr Lwiw, bei dem alles eindeutig ist, sondern Charkiw. Insbesondere nachdem mein Freund, der Charkiwer Dichter und Organisator jener Begegnung, behauptet hatte, dass die östliche Grenze Europas heute ziemlich leicht zu bestimmen sei und mit der Ostlinie der ukrainischen Front (oder wie man sie offiziell nennt – die Kontaktlinie) zusammenfällt.

Der Saal klatschte nach diesen seinen Worten lange Beifall.

Sieh mal an, dachte ich mir. Dann ist sie doch nicht gestorben … noch immer nicht gestorben.

2017

Russland nicht erzürnen

1

»In 20 Jahren werden alle europäischen Länder Mitglieder der EU sein – außer denjenigen Nachfolgestaaten der UdSSR, die es heute noch nicht sind.«

Diese Worte von Günter Verheugen, damals stellvertretender EU-Kommissionspräsident, fielen im schon ziemlich weit zurückliegenden Jahr 2006. Ich erinnere mich noch an die theatralische Verzweiflung, mit dem der eher emotionslose Satz dieses (typischen) EU-Spitzenbeamten in der damals noch merklich orangen Ukraine aufgenommen wurde. So konnte ich nicht anders, als in meiner Rede anlässlich der Verleihung des Leipziger Buchpreises zur Europäischen Verständigung auf die Verheugen'sche Einschätzung Bezug zu nehmen.

Diese Rede fand ein großes Echo, vor allem im deutschsprachigen Teil Europas, und die dortigen Medien zitierten immer wieder die Schlüsselaussage des Autors, seine Bitte an die europäischen Funktionsträger: keine Botschaften zu senden, die die Hoffnung töten. Mehr und substanziellere Hilfe von der EU, so glaubte der Autor, hätten die Ukraine und ihre Gesellschaft nicht nötig. Das Maximum, was ihr für uns tun müsst – niemals »nie« sagen. Das kann doch eigentlich nicht so schwer sein. Alles andere kann man dem Lauf der Geschichte überlassen – selbst wenn man sich nicht auf die Existenz des Hegel'schen »Weltgeists« stützen mag.

Seitdem sind zwölf Jahre vergangen. In diesem Zeitraum hat die EU ihre unzähligen Krisen mehr schlecht als recht bewältigt, sich umgruppiert und umformiert und sich für die Ukraine und einige andere »Nachfolgerepubliken der UdSSR« allen möglichen listigen Ersatz ausgedacht, Nachbarschaft, Partnerschaft und Assoziierungsabkommen. Außerdem hat sie Großbritannien verloren und wurde von einer mächtigen national-populistischen Welle erfasst, nicht nur in den meisten Ländern des ehemaligen Ostblocks, sondern auch in so stabil erscheinenden Alteingesessenen wie Italien, Schweden und sogar Deutschland. Kurz gesagt: Es läuft nicht rund …

2

Welches Fanal ging dem voraus? Wie üblich war es nicht eines, sondern viele, und sie haben unterschiedliches Gewicht. Ich werde versuchen, einige zu nennen, die von europäischer Seite nicht immer bemerkt wurden.

Zum Beispiel das partielle, aber sehr schmerzhafte Scheitern der »Orangen« und die antieuropäische »partielle Restauration« in der Ukraine (2006-07).

Oder Putins München, sein Auftritt bei der Münchner Sicherheitskonferenz 2007.

In seiner – ganz ohne Ironie – historischen Münchner Rede (wurde sie im Westen wirklich gehört?) versprach Putin der Welt »die Suche nach einer vernünftigen Balance zwischen den Interessen aller Akteure internationaler Existenz«. Hört, hört – aller Akteure! Was für ein wunderbares Ziel! Ob seine Gesprächspartner in diesem Moment wohl gemerkt haben, dass es sich in Wirklichkeit um eine Drohung handelte?

Denn die Mittel, mit denen er die angekündigte »vernünftige Balance« erreichen wollte, waren, milde gesagt, zweifelhaft. Aber was heißt hier zweifelhaft! Heute, zehn Jahre nach der erwähnten historischen Rede, haben wir allen Grund, sie schlicht verbrecherisch zu nennen. Zum Beispiel, dass ein Nachbarland einem souveränen Staat mittels bewaffneter Aggression Territorien entreißt. Ein zehnmal größeres, reicheres und rücksichtsloseres Nachbarland, wohlgemerkt. So also soll die Suche nach einer »vernünftigen Balance« aussehen?

In Wahrheit lag nichts Neues in dieser »Suche«. Ich weiß sehr gut, was Russland unter »vernünftiger Balance« versteht: Teilung und Aufteilung, »Einflusssphären«, »Verantwortungsbereiche« und – in der Sprache der russischen Kirche – »kanonische Territorien«.

Aber zurück zu unserer Chronologie.

2008: NATO-Gipfel in Bukarest, auf dem die Ukraine und Georgien weder eine Einladung zum Beitritt erhielten noch den erhofften Membership Action Plan.

Direkte Folge dieser Zaghaftigkeit: noch im selben Jahr überfällt Russland Georgien. Dieser Krieg, kurz, aber durchaus blutig, mit Bombardierungen friedlicher georgischer Städte aus der Luft, wurde in Europa kaum bemerkt. Und wenn doch, dann auf irritierende Weise. Sarkozy! Sarkozy, der den Frieden rettete!

Wirklich Sarkozy? Und hat er wirklich etwas gerettet? Hat er denn überhaupt verstanden, was notwendig gewesen wäre?

Das sind Fragen, die auf seinem Gewissen und dem Gewissen der ganzen EU lasten müssten.

3

Unter meinen damaligen Auftritten finde ich auch folgende, erlaube ich mir zu sagen, Prophezeiung (2009): »Europa muss sich der Ukraine öffnen. Das widerspricht den gegenwärtigen Zuständen in der Ukraine und im selben Maße, wenn auch auf andere Weise, dem gegenwärtigen Zustand Europas. Trotz allem bin ich überzeugt davon, dass wir zur Gemeinsamkeit bestimmt sind und Europa unweigerlich vereint sein wird. Dafür gibt es eine feste Garantie – Russland. Unser großer und mächtiger nordöstlicher Bruder und Nachbar tut alles dafür. Es fragt sich nur, welcher Preis für diese künftige europäische Wahl zu zahlen sein wird.«

Unter dem in diesem Ausschnitt hervorgehobenen »tut alles« verstand ich auch militärische Aggression. Unter »zu zahlender Preis« – ihre Opfer und durch sie verursachten Verluste. Mit anderen Worten, das, was wir heute in der Ukraine durchleben. Doch weiß ich bis heute nicht, wie es die europäischen Foren verstanden haben, vor denen die Prophezeiung wiederholt erklang.

4

Aber schreiten wir voran, ins eben erwähnte nächste Jahrzehnt. Was hat es gebracht?

Europa die Finanz- und Wirtschaftskrise (v. a. »Griechenland«) und dann die »Flüchtlingskrise«, Aufschwung der Rechten, Stärkung des Populismus (etwa nur des rechten? gibt es keinen Linkspopulismus? tun die beiden sich etwa nicht in von außen betrachtet schrägen Koalitionen zusammen? wird etwa nicht der eine wie der andere mit entsprechendem Erfolg vom Kreml finanziert?) sowie – Ungarn und dann Polen, Orbán und dann auch noch Zeman (eine wundersame Wiedergeburt der zentralosteuropäischen »Eigenartigkeit«), den BREXIT, die »Alternative für Deutschland«, die gegenwärtige italienische Regierung …

Der Ukraine die endgültige antieuropäische Revanche durch offen prorussische Marionetten an der Macht, die schrittweise Demontage ihrer Unabhängigkeit, die am 21. November 2013 auf die Spitze getrieben wurde, als die Regierung auf Geheiß Moskaus das Assoziierungsabkommen mit der EU ablehnte und als Reaktion darauf der Euromaidan begann, der sich zur Revolution der Würde entwickelte und die russische Aggression zur Folge hatte, die Annexion der Krim, die Besetzung eines Teils des Donbas, einen endlosen und erschöpfenden hybriden Krieg …

5

Doch selbst angesichts dieser Offensichtlichkeit ist die Hauptsorge der europäischen Außenpolitik bis heute dieselbe geblieben: bloß nicht Russland erzürnen.

Darauf sind alle Anstrengungen gerichtet. Alle Entscheidungen werden ausschließlich und allein unter Berücksichtigung dieser allerprioritärsten Priorität getroffen. So war es im Jahr 2006, als der Autor dieser Zeilen seine politisch nicht korrekte Rede in Leipzig hielt, so ist es heute. Sogar die Wirtschaftssanktionen gegen den *Aggressor-Staat* tragen, ehrlich gesagt, mehr bedingt-dekorativen Charakter. Ich habe zum Beispiel Schwierigkeiten zu verstehen, wie man Sanktionen verhängen und gleichzeitig die Wirtschaftsbeziehungen zu ebenjenem Aggressor ausbauen kann. Und es geht mir hier nicht nur um die Nordstream-Pipelines. Es geht mir überhaupt um Ströme, um Abflüsse und Verflechtungen – von Kapital, von Milliarden und Millionen. Um bewusste und selbstmörderische Abhängigkeiten.

Kommen Sie bloß nicht auf die Idee, RUSSLAND zu isolieren …

RUSSLAND ist nicht Feind, sondern Partner …

EUROPA reicht bis Wladiwostok …

Sind Sie sie nicht leid, die ewige Wiederholung dieser längst sinnentleerten Mantras?

Umso schlimmer aber, wenn sie gar nicht sinnentleert wären. Wenn die Schönheit dieser Losungen in Wahrheit als rhetorische Verbrämung des »business as usual« diente.

6

Der heutige Verheugen heißt Juncker, Jean-Claude. Und hier folgt, was er in einem Interview sagt: »Wir müssen bei allem Ärger über Russland, der in diesen Stunden massiv zunimmt, uns wieder darauf verständigen, dass wir aus Gründen der Sicherheitsarchitektur mit Russland im Gespräch bleiben und in Teilen auch gemeinsam handeln müssen. Ich bin zur massiven Russland-Schelte nicht bereit, obwohl ich gerade ein Kommuniqué in Brüssel veröffentlicht habe, in dem wir uns sehr kritisch mit den Vorgängen in den Niederlanden auseinandersetzen. Aber ich plädiere dafür, dass man ruhig Blut behält, ohne dass man den Russen nachgibt.«

Wir haben es mit einer sehr interessanten Wendung zu tun. Nach Juncker bedeutet »im Gespräch bleiben« – »den Russen nicht nachgeben«. Sie, heißt das, wollen uns wütend machen, aber wir werden weiter sanft mit ihnen sprechen.

Mir scheint jedoch, dass es gerade andersherum ist. Nach allem, was Russland im heutigen Europa angerichtet hat, bedeutet »im Gespräch bleiben« den Russen nachzugeben.

In Wahrheit ist die wichtigste Aufgabe der europäischen Politik – RUSSLAND NICHT ERZÜRNEN – leider nicht erfüllbar. Mission impossible, Russland NICHT erzürnen ist unmöglich. Es besteht ganz aus Eifersucht, Bluffs und Xenophobie. Wut, Beleidigtsein und Neid sind sein Dauerzustand. Das nicht zu sehen heißt, sich stur vorzumachen, man könne einen pathologischen Aggressor besänftigen. Sich stur vorzumachen, die Abwesenheit einer physischen Grenze mit dem Aggressor sei Garantie dafür, nicht angegriffen zu werden.

Ein solches Verständnis von Bedrohung war vielleicht noch im vorletzten Jahrhundert gerechtfertigt. Aber schon der Zweite Weltkrieg hat gezeigt, wie eng und ungeeignet diese Sichtweise ist. Ganz zu schweigen von unseren »hybriden« Zeiten. Von einer Welt, in der alle an alle grenzen. Und Russland an alle, an die es will.

7

Im Falle der Ukraine beträgt die physische Grenze mit Russland 2295 Kilometer. Dazu kommen noch 1084 Kilometer Grenze mit dem von Russland kontrollierten Belarus des Diktators Lukaschenka. Macht 3379 Kilometer. Das ist entsetzlich viel.

Vielleicht denken die Wächter der Juncker'schen Sicherheitsarchitektur vor allem an diese rein geographische Tatsache? Wozu braucht die EU (sollte die Ukraine beitreten) eine so unerbittlich lange Grenze mit der aggressiven und unberechenbaren Russischen Föderation? Da ist es doch viel klüger, die Ukraine im ewigen »Dazwischen« zu halten!

Also wieder Pufferzone? Schutzschicht-Territorium? Verfügungsmasse für Kompromisse zwischen den großen Akteuren?

Das wäre das Schlimmste. Dann wären wir verdammt. Denn es würde bedeuten, dass wir Ukrainer so perfekt und außergewöhnlich erfolgreich sein könnten, wie wir wollten – es würde im Grunde nichts ändern: Die EU würde uns so oder so in sicherer Entfernung halten, aus ein und derselben Überlegung heraus: RUSSLAND NICHT ERZÜRNEN.

Die bloße geographische Realität – die Lage – kann also auch im 21. Jahrhundert das Schicksal, die Perspektive eines Landes bestimmen – oder vielmehr seine Perspektivlosigkeit?

8

Auch wenn das Wort Pufferzone nicht mehr laut ausgesprochen wird und die Zeiten des Zynismus in der Geopolitik doch angeblich schon lange vergangen sind.

In Wirklichkeit sind sie nicht vergangen. Sie sind noch nicht einmal verblasst. Ein Beispiel: der russische Präsident, der große Nachbar und Öl-Gas-Partner der EU. In all seiner Machtvollkommenheit und in der Blüte seines zynischen geopolitischen Genies. Diesen Krieg, dieses furchtbare blutige Abenteuer mit der Krim und dem Donbas hat er einzig und allein deshalb angezettelt, damit wir, die Ukrainer, uns auch wirklich niemals und um nichts in der Welt in Europa integrieren können!

Und hier möchte ich fragen – nicht nur Herrn Juncker, sondern seine politisch Gleichgesinnten in ganz Europa: Auf welche Weise, um welchen Preis und auf wessen Kosten beabsichtigen Sie, die erwähnte »massive Schelte« zu vermeiden, die »außenpolitischen Spannungen in den Beziehungen zu Russland«? Umso mehr, wenn man das Offensichtliche berücksichtigt: Russland selbst hat diese Spannungen erzeugt und nicht zu vergessen, es heizt sie weiter an. Wie können denn Beziehungen zu einem Aggressor und Verletzer des Völkerrechts anders aussehen als, milde gesagt, angespannt? Streben Sie wirklich entspannte Beziehungen zu einem Verbrecher an?

Sie sind möglich. Dazu aber müssen Sie zum Komplizen werden – zumindest zum passiven. Anders geht es nicht.

In jedem Fall müssen Sie, wie diese österreichische Frau Ministerin, Walzer mit ihm tanzen.

9

Ach, wenn Sie wüssten, wie satt ich es habe, darüber zu schreiben! Wie wenig Lust ich habe, schon wieder so ein Mittelding zwischen Sisyphos und Sacher-Masoch zu sein!

Darum entscheide ich mich (zum wiederholten Male), Optimist zu werden. Aber auf welcher Grundlage?

Wieder vor allem wegen Russland. Es wird weiterhin nicht aus seiner Haut können. Seine Brutalität wird weiter eskalieren, und das ist das Faustpfand für seine weiteren Opfer, aber auch seine weiteren Niederlagen, deren größte Ukraine heißt.

Und außerdem?

Beim Durchblättern meines persönlichen Archivs mit Notizen aus verschiedenen Jahren stoße ich auf Zeilen, die ich im Sommer 2004 geschrieben habe – in Erwartung des (wie es damals schien) entscheidenden Präsidentschaftswahlkampfes: »Dreizehn Jahre lang haben wir uns von Europa entfernt, sind immer tiefer in die GUS versunken, um schließlich zu sagen, Europa sei ein Phantom und nichts anderes. Und wie zur Rechtfertigung formulierten wir fieberhaft allen möglichen Blödsinn nach dem Muster, bisher habe die Epoche der ›Euro-Romantik‹ geherrscht. Oder dass ›wir nicht nach Europa müssen, weil wir Europa daheim bauen‹. Dass das ›polnische Modell‹ für uns nicht passe, sondern wir das norwegische oder schweizerische wählen. Tatsächlich aber, wie es im vergangenen Jahr ein gewisser britischer Professor sagte, ›kann die Ukraine der Normalität nicht entgehen, was heißt, dass sie der Mitgliedschaft in der EU nicht entgehen kann. Wahrscheinlich passiert ihr das später als der Türkei, aber eher als Marokko.‹ Das ist die Bilanz unserer doch nicht ganz nutzlosen dreizehn Jahre: Man hat für uns einen Platz auf der europäischen Landkarte gefunden – irgendwo hinter der Türkei, aber vor Marokko, im südlich-schwülen Teil der Welt, zwischen Kamelen und Minaretten. Auch dafür Dank.«

Seit ich diese Zeilen geschrieben habe, ist eine Menge passiert. Ich würde sogar wagen zu behaupten – unglaublich viel. Und unglaublich viel Unglaubliches. Das Unglaubliche wurde so oft Realität, dass man sich nur schwer vorstellen kann, was es hieße, wenn es alle Register zöge.

Aber es gilt auch umgekehrt – viel von dem, das sehr wahrscheinlich schien, ist heute in die Kategorie des

Unwahrscheinlichen gewechselt. Der erwähnte britische Professor würde, trotz seiner damaligen Überzeugung, heute wohl kaum mehr auf der Mitgliedschaft der Türkei oder gar Marokkos in der EU bestehen. Die Türkei tut aus allen Kräften so, als brauche sie keine Mitgliedschaft. Marokko hat meines Wissens niemals ernsthaft Kurs auf Europa genommen. Das Land, das der Professor zwischen diesen beiden nannte, hat die angestrebte Normalität trotz zweier Revolutionen nicht erreicht. So würde seine These »Die Ukraine kann der Mitgliedschaft in der EU nicht entgehen« heute viel riskanter und vielleicht auch unbegründeter klingen als vor vierzehn Jahren.

Aber zu behaupten, dass sich die Ukraine in den letzten vierzehn Jahren weiter von Europa entfernt hätte, dass wir ihm heute ferner stehen als Anfang der 2000er, wäre völlig absurd.

Dabei stellen wir ein gewisses Paradoxon des jetzigen Augenblicks fest: Je seltener die lauten Phrasen über die Unvermeidlichkeit unserer Mitgliedschaft in der EU erklingen, desto näher kommen wir ihr. Es scheint, als herrsche in den politischen Milieus beider Seiten – der Ukraine und der EU – ein stillschweigender Konsens: keinesfalls unsere Perspektive zerreden, sondern sich in absoluter Stille an sie heranschleichen. Solche Zeiten sind angebrochen. Sie erfordern Vorsicht.

Also – mag das auch ausschließlich meine Phantasie sein – setzen wir die methodische, öde und langwierige Arbeit fort: nähern wir uns an. Setzen wir die stille, schleichende Annäherung fort.

Um Russland nicht zu erzürnen.

Um die ohnehin schon durch den Anti-Migrations-Populismus verschreckten europäischen Bürger nicht noch mehr zu verschrecken.

Um die internen ukrainischen Isolationisten nicht aufzuscheuchen, die sonst den Ukrainern wieder ins Ohr schreien, dass »Europa sie hängengelassen« hat.

Gegner unserer Annäherung gibt es höllisch viele. Aber es ist möglich, ihre Wachsamkeit einzulullen.

Als Autor mehrerer Romane weiß ich: Ein Sujet kann sich nicht selbst vernichten. Die Geschichte kann nicht nicht geschehen. Der Weltgeist kann nicht anders, als seine Vision zu verwirklichen. Er scherzt selten, doch treffend.

Aber psssst. Von jetzt an schweige ich.

2018

Die Dekodierung des Flusses

Ich erinnere mich an einen späten Sonntagnachmittag Anfang September. Wir wohnten in der Harkuscha-Straße, in der Nähe des Bahnhofs, der Durchgangsverkehr schob sich an uns vorbei, damals gab es in Franyk noch keine Umgehungsstraßen. An jenem Nachmittag fuhr da eine Panzerkolonne, stell dir vor: Panzer. Die rumpeln in Richtung Bahnhof, wo sie auf Flachwaggons verladen werden. Und dann – immer drauf auf die Tschechen. Siebzig Prozent der damaligen Erwachsenen hatten den letzten Krieg erlebt. Meine Oma zum Beispiel war 66 Jahre alt, also hatte sie sogar zwei Kriege auf dem Buckel. Und die Leute, die den Krieg erlebt hatten, erstarrten unter diesem Rattern im Schein der untergehenden Sonne, konnten sich von der schmutzig-grünen Kolonne nicht lösen. Die meisten waren überzeugt, dass wieder Krieg war. Und dass wir wieder siegen würden.

Diese Erinnerung gehört einem meiner Romanhelden, und ich versuche gar nicht, ein Geheimnis daraus zu machen, dass der Roman autobiographisch ist. Ja, es ist meine Erinnerung. Im Spätsommer 1968 war ich acht Jahre alt, und die sowjetischen Truppen marschierten gemeinsam mit den Truppen anderer Staaten des Warschauer Paktes in der Tschechoslowakei ein. Es war das erste Ereignis in meinem Leben, das ich als historisch erkannte. An jenem Nachmittag sahen wir alle eine große Verlegung (besser gesagt – ein großes Vorbeikriechen) gepanzerten Geräts – ganz dicht, ohne Übertreibung: auf Armeslänge.

Wie sich später herausstellte, wurden wir Zeugen einer der vielen Episoden der großangelegten militärisch-politischen (oder sogar geopolitischen) Operation unter dem Codenamen »Donau«.

* * *

Der Staat, in dem ich damals lebte, die UdSSR, bot 18 Panzer- und Luftlande- sowie motorisierte Schützendivisionen auf, dazu 22 Flugzeug- und Hubschrauberregimenter, ungefähr 170000 Mann.

Die Polnische Volksrepublik – 5 Infanteriedivisionen, ungefähr 40000 Mann.

Die Deutsche Demokratische Republik – eine Panzer- und eine motorisierte Schützendivision, ungefähr 15000 Mann.

Die Ungarische Volksrepublik – eine motorisierte Schützendivision, 12500 Mann.

Die Volksrepublik Bulgarien – zwei motorisierte Schützenregimenter und ein Panzerbataillon, etwas mehr als 2000 Mann.

In der Summe hat der Warschauer Pakt ungefähr 240000 Soldaten für den Einmarsch in die Tschechoslowakei eingesetzt. Innerhalb eines Tages, am 21. August, wurden die wichtigsten Objekte auf dem Gebiet der Tschechoslowakei und vor allem ihrer Hauptstadt eingenommen.

So sah sie aus, die »Donau«.

Der Flussname sticht sofort ins Auge. Wie überhaupt

die spezifische »Flusslegende« der geheimen Codes. Man denke nur an das Signal zum Beginn der Operation – »Vltava 666«! Hier gibt es nicht nur unguten Humor von stalinscher Art, sondern auch fast apokalyptisch anmutende Prahlerei mit der »Zahl des Tieres« – in diesem unbedeutend anmutenden Detail offenbart sich die Erscheinung, die später sehr folgerichtig Reich des Bösen genannt werden sollte.

Bezeichnend sind auch die Namen zweier Pläne über die Fortsetzung der Kampfhandlungen (für den Fall, dass sie beginnen sollten) – »Donau-Kanal« und »Donau-Kanal-Globus«. Letzterer sah die Möglichkeit des Dritten Weltkriegs vor, das Wort »Globus« deutete auf seine Globalität, also die unvermeidliche Teilnahme der USA.

Ja, die Namen sind durchdacht. Es handelt sich nicht um die erstbesten zufälligen Wörter. Sie wurden sorgfältig und bewusst ausgewählt. Nicht etwa Operation »Wolga« – Operation »Donau«.

* * *

Von diesem Namen wusste ich damals nichts. Wäre mein Vater noch am Leben, würde ich ihn fragen, ob er ihn kannte.

Während der Operation »Donau« stand mein Vater, Reserveoffizier der Sowjetarmee, mit seiner Einheit fast die ganze Zeit an der transkarpatischen Grenze auf sowjetischer Seite.

Ich erinnere mich, dass ich mir große Sorgen um ihn machte. Ich fürchtete, sie würden ihn doch losschicken, zum Beispiel nach Prag. Zum Beispiel, um Tschechen zu töten. Ich liebte meinen Vater, und ich liebte die Tschechen – das war mein Problem.

In jenem Sommer war ich zum ersten Mal im Ausland gewesen. Für so einen kleinen Menschen aus der UdSSR war das fantastisch – ein anderes Land besuchen! Noch dazu seine Hauptstadt. Als Bewohner einer sehr provinziellen ukrainischen Stadt war ich noch nicht einmal in der eigenen Hauptstadt Kiew gewesen. Und dann Prag!

Ich werde immer wieder auf dieses Paradies auf Erden zurückkommen – das wunderbare Prag im Juni und Juli 1968. Vielleicht wusste ich nichts über den Prager Frühling, aber ich fühlte ihn intensiv. Der »Sozialismus mit menschlichem Antlitz« erwies sich als so weit entfernt vom mir bekannten Typ des Sozialismus, dem sowjetischen, wie der Himmel von der Erde. Dabei geht es nicht um Politik, für die ich damals wenig Sinn hatte. Es geht um die damals überall ausgegossene Freiheit, die ich einfach spüren musste. Wie gut, dass das Schicksal mir unsere Prager Verwandtschaft geschenkt hatte – alte ukrainische Emigranten. Dank dieses Besuchs bei ihnen konnte ich mich zwei Wochen in einer Welt aufhalten, die mir, dem Achtjährigen, eine Vision für den ganzen Rest meines Lebens gab. Ich weiß nicht, ob ich ohne Prag 1968 ich selbst geworden wäre.

* * *

Aber zurück zum Namen der großen Militäroperation, die jener wunderschönen Welt ein Ende setzen sollte: »Donau«.

Was wollten sie damit ausdrücken? Wenn wir uns einig sind, dass die Bezeichnung wohl durchdacht war, welche Bedeutungen trägt sie also? Oder wenigstens welche eine, grundlegende Bedeutung?

Tschechien ist kein Donauland. Die ehemalige Tschechoslowakei ist (eben dank der Slowakei) ein Halbdonauland. Den Eindringlingen ging es jedoch vor allem um Prag, nicht um Bratislava.

Was die Intervention selbst angeht, so nahmen daran die Donauländer Ungarn, Bulgarien und schließlich auch die UdSSR und die Nichtdonauländer DDR und Polen teil. Das unstrittige Donauland Rumänien aber hatte abgelehnt, und von einer Beteiligung des Donaulandes Jugoslawien konnte überhaupt keine Rede sein. Es gehörte ja übrigens auch nicht dem Warschauer Pakt an.

Wir haben allen Grund, nicht von einer oberflächlich-formalen, sondern einer tieferen, symbolischen Konnotation auszugehen. Um sie zu ergründen, wende ich eine bewährte Methode an – die Landkarte aufmerksamer als sonst zu betrachten.

* * *

Die Donau ist nicht nur eine der Wasserarterien Europas. Geographisch ist diese Arterie sehr signifikant, denn sie ist eine zutiefst mitteleuropäische Arterie. Sie hat nicht ihresgleichen. Die Donau entspringt, fließt und endet so, dass sie mit ihrem Lauf die Gebiete aller vier europäischen Sprachfamilien berührt – der germanischen, der slawischen, der ugro-finnischen und der romanischen, und dank der aktiven Gegenwart des Osmanischen Imperiums in ihrer Geschichte auch noch eine fünfte, die türkische.

Ihre Ausrichtung verleiht der Donau einen westöstlichen Charakter. Die Donau fließt nach Osten – und wie sie werden auch die Landschaften, Lieder, Religionen, die sozialen und mentalen Abgründe immer östlicher.

Nur in Ungarn, kurz vor Budapest, fließt die Donau vorübergehend von Norden nach Süden und nimmt dabei, zu der deutlich spürbaren Östlichkeit, auch noch Südlichkeit auf, was ihr den Weg zum Schwarzen Meer erleichtert.

Ja eben – das Schwarze Meer. So östlich und uneuropäisch es ist, bindet die Donau es doch an den Westen, an Europa. Dank der Donau konnte sich das Schwarze Meer mit der Nordsee verbinden. Sie, die Donau ist es, die den Osten westlicher macht.

Wenn ich vom Ufer aus die Wellen des Prut in den Ukrainischen Karpaten betrachte, wenige Kilometer von dem Ort, wo ich wohne, dann weiß ich: dieses Wasser wird sich bis zum letzten Tropfen mit Isar, Inn, Ilz, Drava, Sava und Morava in etwas Gemeinsames ergießen. So fühle ich mich durch nur einen Blick auf die Flussoberfläche nicht nur Budapest und Wien, sondern auch Ulm und München gleich viel näher. Denn der Prut ist ebenfalls ein Donauzufluss.

Wir sind alle donauisch, das ist unsere wahre Nation. Wir haben ein gemeinsames Land – Europa, von der Donau zusammengenäht.

Ich meine, dass es auch den Sowjets 1968 um diese Sinnzusammenhänge ging, als sie einen Namen für ihre Militäroperation suchten.

Genauer gesagt ging es ihnen natürlich um die Zerstörung dieser Sinnzusammenhänge. Wie es Milan Kundera 1984 aufzeigt (»Die Tragödie Mitteleuropas«): Mitteleuropa sollte verschwinden, und zwar vom westlichen Rest des Kontinents unbemerkt. Vielleicht verschwand es nur deshalb nicht, weil Kundera auf diese Gefahr aufmerksam machte.

Indem sie ihren Einmarsch »Donau« taufte, zielte die UdSSR auf den Wesenskern Mitteleuropas. Es ging darum, Mitteleuropa vom Westen abzuschneiden.

* * *

Offiziell endete die Operation »Donau« am 11. September 1968. Die UdSSR hatte ihr taktisches Ziel erreicht – die chirurgische Entfernung des menschlichen Antlitzes vom Körper des Sozialismus.

Überhaupt siegt das Böse taktisch. Das Gute aber – so will ich wenigstens glauben – siegt strategisch. So ist das auch mit dem Reich des Bösen.

Ich war acht Jahre alt, als die sowjetischen Panzer den Prager Frühling beendeten.

Ich war fast 30, als die Tschechoslowakei das prosowjetische Okkupationsregime stürzte. Die Tragödie Mitteleuropas schien ungefähr in der Hälfte meines bisherigen Lebens beendet, nachdem sie sich zumindest in eine optimistische Tragödie verwandelt hatte.

Doch die Geschichte endet nicht mit dem Zerfall von Imperien. Vor allem nicht mit dem Zerfall eines von ihnen, das auf paradoxe Weise seine aggressive Existenz fortsetzt und mit aller Kraft nach absoluter Herrschaft in seinen früheren Grenzen strebt.

Die Operation »Donau« dauert an – ausgeführt nicht mehr von der UdSSR, sondern von ihrem Erben Russland, tausende Kilometer östlich, auf anderem geographischem Terrain – wo es, wie vor einem halben Jahrhundert in Prag, erneut um die ewige Auseinandersetzung zwischen Freiheit und ihrem Gegenteil geht.

2020

Diktatur als Fest der Poesie

Heutzutage kaum zu glauben, aber vor 21 Jahren gelangen Europa noch fantastisch sperrige und ziemlich verrückte (vor allem – wirklich kulturelle) Projekte. Eines davon hieß Literaturexpress 2000, und davon werde ich noch meinen Urenkeln erzählen. Nicht alle der 107 Schriftsteller, von denen einer ich war, hielten bis zum Ende dieses 45 Tage und Nächte dauernden Eisenbahnabenteuers durch. Doch die Verluste waren so gering, dass man sie vernachlässigen kann: Am Ende zählten wir immer noch mehr als hundert.

Jetzt zur Sache.

***

Die kürzeste Eisenbahnstrecke Moskau – Berlin ist alles andere als malerisch, und die Landschaft vor dem Fenster lässt es angezeigt erscheinen, nicht tagsüber, sondern nachts zu fahren. Doch in jedem Fall führt der Weg über Belarus.

Um Belarus kommt man nicht herum. Es liegt ganz im Zentrum jenes Europas, um das es uns damals ging. Vielmehr liegt das Zentrum dort: Am Vortag unserer Reise hatten belarussische Kosmoaerogeodesisten irgendwo im Gebiet Witebsk, in der Nähe des Sees mit dem exotischen Namen Scho, ein weiteres geographisches Zentrum Europas berechnet (vielleicht das siebzigste an der Zahl).

Als wir uns, noch ohne von seiner Existenz zu wissen,

zielstrebig diesem neuen Zentrum näherten, dauerte unsere Reise schon mehr als einen Monat, und unsere Erfahrungen umfassten eine nicht wirklich kompatible Mischung aus West und Ost.

Zufall oder nicht, aber Minsk erreichten wir am Jahrestag der Geburt von Janka Kupala – des belarussischen *nationalen Klassikers*, der sich unbestätigten Berichten zufolge wenige Tage vor Vollendung seines 60. Lebensjahrs im Juni 1942 in Moskau, im gleichnamigen Hotel »Moskwa«, das Leben nahm. In einem seltsamen Zusammentreffen der Umstände kamen wir aus Moskau, wo wir zwar nicht im »Moskwa«, aber in einem Hotel mit nicht weniger originellem Namen gewohnt hatten – im »Rossija«.

Das Geburtsdatum von Janka Kupala, der 7. Juli – symbolische Überschneidung des ostchristlichen Namenstags von Johannes dem Täufer mit dem des heidnischen Kupala –, lässt sich also schon aus dem vom Nationaldichter gewählten Pseudonym herauslesen. Jedes Jahr an diesem Tag findet in seinem Heimatdorf Wjasynka das für meinen Geschmack allzu traditionelle Poesiefest statt. Dorthin karrte man uns in mehreren Bussen aus dem sterilisiert sauberen morgendlichen Minsk.

***

Der Sommer erreichte seinen Höhepunkt, aber der Tag war eher grau. Eine ausgedehnte Wiese am Ufer des Flusses, der hieß wie das Dorf. Ein archaischer, kolchosenhafter Feierstil: Eisenbetonbühne, vereinzelte Zuschauer, monotone, patriotische Auftritte von *Laienkünstlerkollektiven*, Freiluftverkauf an improvisierten Ständen mit wenig appetitlichem Essen und erträglichem Bier, erzwungen-freudloses Picknick. Chorgesänge zu zu russischem Akkordeon im Wechsel mit Ansprachen von Funktionären und dem Rezitieren ausnahmslos *slawischer* Dichter. Mit einem Wort – die ganze Langweile und Ödnis dessen, was in sowjetischen, damals noch verhältnismäßig nahen Zeiten *Massenbelustigung für die Werktätigen* geheißen hatte.

Selbst uns aus der benachbarten postsowjetischen Ukraine erschien dies als unaufgeklärte Stagnation und ein bisschen, als wären wir in eine Zeitmaschine geraten.

Was wussten wir über diese Republik? Außer, dass sie angeblich unsere *Schwester* war?

Damals hatte ihr Präsident, der 1994 einmal ehrlich die Wahlen gewonnen hatte, seine immer weniger begrenzte Macht fest zementiert und wirkte schon wie der *letzte Diktator Europas*. Wobei man Europa nur im rein geographischen Sinn erwähnen sollte. Denn in Belarus fand die mehr als offensichtliche Konservierung jenes Nicht-Europas statt, das die UdSSR gewesen war. Symbolisch materialisierte sich dieser Prozess in der Rückkehr der sowjetischen Fahne und des sowjetischen Wappens. Und in der aggressiven Marginalisierung der weiß-rot-weißen nationalen Symbolik der Belarussen.

Aber es gab auch nicht-symbolische Erscheinungen: Entführungen, Folterungen, außergerichtliche Tötungen politischer Gegner und unabhängiger Journalisten – die düstere Arbeit der sogenannten Todesschwadronen. Wie erfolgreich die damaligen Säuberungen waren, bestätigt heute allein schon die Tatsache, dass der Diktator bereits mehr als 27 Jahre ununterbrochen an der Macht ist. An jenem Julitag aber war er erst ein sechsjähriger Baby-Diktator. Kein Anfänger mehr, aber noch lange nicht auf seinem heutigen menschenmordenden Zenit.

Europa hat diese Gefahr, offen gesagt, verpennt.

***

Dann passierte auf jenem Fest der Poesie Folgendes:

Irgendwo weit entfernt von uns, auf einem kleinen Hügel außerhalb des offiziellen Festgeländes, fand eine alternative Aktion zu Ehren des Nationaldichters statt: Eine Gruppe mit den aufrührerischen weiß-rot-weißen Fahnen des freien Belarus zog unsere Aufmerksamkeit auf sich. Sie entfalteten die Fahnen, von denen es ebenso viele gab wie sie selbst, soll heißen – verhältnismäßig viele Fahnen auf wenige Teilnehmer. Umso mehr erstaunte uns ihr Mut. Ein Schwede fragte, ob es stimme, dass das Entrollen der Fahne *forbidden* sei. Weil ich mich an das deutsche *verboten* erinnerte, bestätigte ich eher unsicher.

Aber die Menschen auf dem Hügel demonstrierten schon eine ganze Stunde – und nichts passierte. Scheint also alles gar nicht so schlimm zu sein, dachten wir.

Bis offensichtlich wurde, dass es doch schlimm war: Jemandem riss der Geduldsfaden. Vielleicht Lukaschenka selbst, bis zu dessen Residenz schließlich die Nachricht über die Handvoll Aufrührer gelangt war, die vor den Augen zahlreicher ausländischer Gäste (wir) eine Provokation mit *nationalistischen* Fahnen veranstalteten.

Von dem Moment an kommt alles in Ordnung: eine Spezialeinheit der Polizei, die Fahnen konfisziert und niedergetrampelt, die *Provokateure* brutal festgenommen. Man führte sie mit auf den Rücken gedrehten Armen den Hügel hinunter, je zwei uniformierte Bullen auf einen Verzweiflungstäter. Sie kamen ganz nah an uns vorbei, durchschnitten die Festtagsmenge, die gehorsam auseinandertrat. Schließlich packte man sie in die lokale Abart der Grünen Minna (es genügte eine für alle) und karrte sie weg.

***

Nein, unsere Reise bestand nicht nur aus angenehmen Episoden wie Buffets und Empfängen (zumal man Empfänge, vor allem die sehr offiziellen, kaum als etwas Angenehmes bezeichnen kann). In den ganzen Tagen und, was wichtiger ist, Nächten passierte alles Mögliche – Klauereien, Konflikte, alkoholisierte Auseinandersetzungen, psychische Zusammenbrüche.

Aber dieses Phänomen losgelassener Polizisten blieb einzigartig. Europa ohne Grenzen? Europa des Dialogs? Europa der Zukunft?

Von dem Tag an erschien das alles wie ein Scherz.

Ja, wir hatten von jenem Loch im Kontinent gehört, von der dort geltenden Todesstrafe und anderen unangenehmen Tatsachen. Aber so demonstrativ – die Arme verdreht und die Köpfe heruntergedrückt? Das sollte uns doch herausfordern! Seht her, ihr Träger und Verkünder der europäischen Werte: Wir scheißen drauf, in unserem eigenen Loch machen wir, was wir wollen.

Aber vielleicht war es noch schlimmer? Vielleicht waren wir ihnen komplett egal, und sie demonstrierten gar nichts, sondern taten einfach nur routinemäßig ihre Arbeit, um *Ordnung zu schaffen*?

***

Angesichts dieser ganzen Diktaturen trugen wir Europa – oder besser, wie die Russen missgünstig sagen, *den kollektiven Westen* – immer in unseren postsowjetischen Köpfen.

Dieser Westen vergrößerte sich damals sogar territorial. Die Europäische Union machte sich bereit für die Osterweiterung. Uns in unserem Sektor-ohne-Perspektive erfüllte dieser Husarenstreich nicht mit besonderem Optimismus. Der ehemalige Ostblock hatte bei seiner Selbstauflösung eine strenge Selektion durchlaufen. Die einen nahm der Westen zu sich, die anderen – Unglücksraben – überließ er Russland.

Was blieb, war die Hoffnung, wenn schon nicht auf den allgemeinen Beitritt zur EU als ganzes Land, dann wenigstens auf den individuellen – in Form der Emigration.

Für mich persönlich definierte ich drei Bedingungen, unter denen sie notwendig werden würde:

1. In meinem Land herrscht eine unaufgeklärte Diktatur belarussischen Typs, die sich auch noch der Unterstützung der überwiegenden Masse der Bevölkerung erfreut.
2. Diese Diktatur blockiert mir jegliche Möglichkeit, öffentlich gegen sie aufzutreten.
3. Diese Diktatur will mir und meinen Nächsten das Existenzrecht streitig machen.

Um mich zur Emigration bereit zu erklären, würde es, so hatte ich beschlossen, nicht reichen, wenn eine oder zwei Bedingungen erfüllt wären. Nur alle drei zusammen. Im Jahr 2000 erschien das keineswegs als eine schwarze Dystopie.

Gut, dass wenigstens das Gebiet des kollektiven Westens wachsen würde und unseren Spielraum für die Flucht erweiterte. Während zu Sowjetzeiten der Westen nicht an unserer Westgrenze begann und etwa Österreich, Schweden oder Westberlin fantastisch und unerreichbar blieben, genügte es jetzt, ins benachbarte Polen zu schlüpfen. Dieser Gedanke verschaffte Seelenfrieden. Wenn uns der Westen auch niemals aufnimmt, dachte ich damals, so ist er doch ganz nah an uns herangerückt und öffnet seine rettenden Arme.

Der Westen ist groß, stark und gut.

***

In den nächsten 21 Jahren wurde deutlich, dass der Westen eher machtlos und feige ist. Wobei unklar bleibt, welche der beiden Eigenschaften Ursache und welche Wirkung ist. Aber vor den aktuell existierenden Diktaturen – sei es die russische, sei es die belarussische – in den Westen zu fliehen, ist heutzutage absolut verhängnisvoll. Nicht etwa, weil dich die eigenen Grenzer an Ort und Stelle erschießen würden, sondern weil der Westen im Geiste der *konstruktiven Zusammenarbeit und des fortgesetzten Dialogs* mit den Diktatoren dich gern oder jedenfalls ohne großen Widerstand diesen Diktatoren ausliefert. Selbst wenn er, sagen wir, das Todesurteil kennt, das dir möglicherweise droht.

Der Raub der Europa hat heute die Gestalt des Ryanair-Flugzeugs, das in Athen startet, um in Vilnius zu landen. An Bord zwei junge Passagiere, ein Belarusse und eine Russin, für die sich einer der letzten Diktatoren Europas interessiert – derselbe. Was weiter geschah, wissen wir. Was mir keine Ruhe lässt, ist, was nicht geschah.

Und wenn die Besatzung sich geweigert hätte, umzukehren und in Minsk zu landen … Und Lukaschenka den Befehl zur Vernichtung des Flugzeugs gegeben hätte …

Glücklicherweise sind alle Europäer unversehrt in Vilnius angekommen.

2021

Nach Butscha

»Das wunderbare, hochtalentierte deutsche Volk, die Nation der Dichter und Denker, die der Weltkultur Luther und Goethe, Nietzsche und Wagner, Kant und Hegel schenkte, darf NICHT der Untaten Hitlers und seiner nächsten Umgebung beschuldigt werden und trägt NICHT die geringste Verantwortung für Auschwitz, Majdanek, Buchenwald, Dachau oder andere Schauplätze des Holocaust, ebenso wenig wie für das vom Antlitz der Erde getilgte Warschau und dutzende, hunderte andere geschundene Städte Europas. Nur ein germanophober, irrer, vulgärer Propagandist wird sich heute gegen alles Deutsche aussprechen und eine deutsche kollektive Verantwortung fordern. Die unverhohlen aggressiven Attacken auf die Größe der deutschen Kultur und die Forderungen, diese teilweise auszuschließen und zu blockieren, ist nichts als barbarische Engstirnigkeit und Zeichen einer primitiven, schwarz-weißen Weltsicht. Hitlers Macht hat dem deutschen Volk nicht weniger Leid zugefügt, als allen anderen Völkern der Welt, und in diesem entsetzlich schweren Moment der Geschichte benötigt es, wie jedes andere Volk, unsere Unterstützung und Solidarität.«

Also ich weiß nicht. So einen Text, zum Beispiel aus dem Jahr 1945, kann ich mir nicht vorstellen. Absurd? Ja. Gefährlich? Gar kein Ausdruck.

Mir wäre nicht bekannt, dass 1945, oder auch in den

folgenden Jahren, jemand einen derart absurden und gefährlichen Text veröffentlich hätte. Warum also hören wir heute, 2022, dauernd etwas Ähnliches?

Die Tragödie der Ukrainer reduziert sich heute auf den Hashtag #BuchaMassacre. Der ist einfach zu verwenden und lokalisiert das Megaverbrechen in einem einzigen Städtchen. Erklären muss man, dass in Wahrheit in unserem Land schon viele Butschas entdeckt wurden und man im Verlauf der Befreiung von Gebieten durch die ukrainische Armee noch viele weitere entdecken wird.

Dass Butscha kein Einzelfall ist, wenn heute auch besonders symbolträchtig.

Dass Butscha (genau wie alle anderen Butschas) kein tragischer Zufall ist, kein »Exzess der unteren Chargen«, keine Hysterie der durch den eigenen Krieg in die Ecke getriebenen »einfachen russischen Jungs«, sondern die geplante und methodische Ausführung eines staatlichen russischen Programms, dessen Kern die teilweise Unterwerfung, vor allem aber die Vernichtung der Ukraine bildet.

Uns darf es nicht geben. Ein europäisches Volk von 40 Millionen darf es nicht geben. Unsere Sprache nicht. Auch unsere Erinnerung nicht. Man *denazifiziert* uns – alle, bis zum letzten Ukrainer. Man *deukrainisiert* uns – indem man uns das Leben nimmt.

Als ein russischer Funktionär vor einer Woche bei den Verhandlungen in Istanbul die »Verringerung der Aktivitäten vor Kiew« versprach, hatte niemand eine Vorstellung davon, um welche *Aktivitäten* es ging. Wir dachten an banale Bewegungen von schwerem Gerät, an Raketenbeschuss, Luftangriffe. Ich verwende das Wort »banal«, denn nach 40 Tagen Krieg tritt eine gewisse Gewöhnung ein, und die Menschen erzittern nicht mehr bei jedem Sirenensignal.

Die *Aktivität* der Russen aber sah ganz anders aus. Wie seit den ersten Tagen dieses Kriegs, wie schon in allen anderen Kriegen, ist die russische Armee beim Kampf gegen die Zivilbevölkerung am siegreichsten. Anders gesagt, die russische Armee ist eine weit verzweigte, gesamtstaatliche terroristische Organisation mit hunderttausenden von Mitgliedern, gerüstet nicht nur mit höchster Grausamkeit, sondern auch außergewöhnlichem Sadismus. Russland ist ein Terrorstaat. Seine Bestimmung: Leid, Schmerz und Tod zu säen.

Hier einige Beispiele für Russlands Handlungen.

Erschießung zufälliger Passanten. Aller.

Beschuss von Autos, in denen Zivilisten versuchen, dem Tod zu entfliehen.

Erschießung ausnahmslos aller Insassen dieser Autos – der Kinder, Frauen. Vernichtung jedes lebenden Wesens – einschließlich der Haustiere – mit Feuer und Metall.

Abwurf von Bomben auf die menschlichen Köpfe – Kassettenbomben, Phosphorbomben und andere verbotene Bomben. Abwurf auf Krankenhäuser, Theater, Museen, Bibliotheken, Kindergärten.

Massenhafte Folterungen und Hinrichtungen – mit Genickschuss.

Unsere westukrainischen Vorfahren haben diese Erschießungsmethoden schon in den Jahren 1939-41 am eigenen Leib erlebt. Ein Schuss in den Nacken der

Opfer, die mit verbundenen Händen auf die Knie gezwungen werden, das war die normale Prozedur in jedem russisch-bolschewistischen Gefängnis auf unserem Territorium. Entschuldigen Sie das Wort »normal«. Passender wäre »üblich«.

Massenvergewaltigungen. Von Frauen, Kindern. Ein massiver Ausbruch instinktiver, böser Archaik: den Mann erschlagen, die Frau vergewaltigen. Beides vor den Augen der Kinder.

(Herr Dostojewski, was haben Sie Arschloch da noch einmal geschrieben über die eine einzige Kinderträne? Hat das Ihre Russen vor der eigenen bestialischen Grausamkeit gerettet?)

Massendeportationen ukrainischer Bürger aus den besetzten Gebieten in die Tiefen Russlands. Alles bestätigt und wiederholt sich: Terroristen können nicht anders, sie müssen Geiseln nehmen.

Verwüstungen. Plünderungen. Die Soldaten aus Russland zerstören methodisch die Wohnungen der Ukrainer – in mehrstöckigen Gebäuden ebenso wie in Einfamilienhäusern. Überall. Sie schleppen weg, was sie sehen: Kleider, Schuhe, Alkohol, Schmuck, Parfüm, Computer, Smartphones, Messer, Gabeln ... Sie hinterlassen in den Wohnungen Bruchstücke einer zerschmetterten Welt und ihre Exkremente. Zur Erinnerung an die Größe der russischen Kultur.

Heute Morgen kam mir folgender Gedanke: Wie sehr wünschte ich, dass sie *einfach nur* Plünderer wären. Das würde bedeuten, dass sie, trotz allem, Menschen geblieben sind. Schlechte und böse, aber Menschen.

Doch alles, was wir sehen, zeugt von Entmenschlichung. Die Bevölkerung Russlands hat sich erfolgreich entmenschlicht. Es ist die Antiwelt. Ein Teil der Menschheit, der freiwillig zu Antimenschheit übergelaufen ist.

An dem Tag, als die letzten Russen Butscha verließen, nachdem sie die letzten blutigen Episoden des #BuchaMassacre vollendet hatten, verabschiedeten die Fraktionsvorsitzenden im Europaparlament eine weitere Resolution »an das russische Volk«. Darüber, wie sehr sie Einigkeit mit ihm wünschten. Über die große russische Kultur. Über Tschechow und Bulgakow. Und natürlich über Tolstojewski, wie könnte es ohne dieses doppelköpfige Monster auch gehen. Über »gemeinsame Werte« – von Dublin bis, aber natürlich doch, Wladiwostok. Allerdings seltsamerweise nicht bis zu den Kurilen.

Wie kann man sich an etwas wenden, das es nicht gibt? Sehr geehrte Fraktionsvorsitzende, haben Sie denn kein Hirn? Dass Sie kein Herz haben, das wusste ich auch vorher schon.

Ich dachte, es wären Idioten. Aber ich höre auf, so zu denken. Es sind Komplizen. Sie haben nur eine Sorge: wie das Verbrechen reinwaschen. Wie sich über das offensichtliche #BuchaMassacre empören, ohne dass sich Russland über diese ihre Empörung empört. Wie insgeheim der Ukraine und ihrem Widerstand schaden.

Aber der Widerstand dauert schon mehr als 40 Tage, und die Schwäche des Feindes wird unweigerlich in Agonie übergehen.

Es wird Frühling werden, und die Ukraine wird bestehen.

5. April 2022

Russland schlägt mit Hunger zu

1

Beim Durchkämmen der Nachrichten interessiere ich mich seit neustem für ein Thema, das ich bisher überlesen hatte – die Agrarwirtschaft und alles, was damit zu tun hat. So erfahre ich zum Beispiel, dass die Getreideaussaat in diesem Jahr im Vergleich zum letzten nur zu 75 Prozent stattgefunden hat. Das bedeutet nicht, dass wir hungern werden, erklärt man mir, aber es verringert unsere Exporte merklich.

Dann entdecke ich eine Rede unseres Präsidenten, in der er unter anderem mitteilt, dass Russland in den ukrainischen Häfen 22 Millionen Tonnen Nahrungsmittel blockiert. Hergestellt in der Ukraine, versteht sich. 22 Millionen Tonnen Essen erscheint mir kolossal viel. Wie viele Hungrige dieser Welt könnte man damit speisen?

Indirekt finde ich die Antwort darauf in einer anderen Nachricht, in der ein Präsidentenberater zitiert wird: Wegen der Nahrungsmittelknappheit werden bald 1,6 Milliarden Menschen unterernährt sein. Hunderte Millionen werden sich wegen der steigenden Preise unterhalb der Armutsschwelle wiederfinden.

Und schließlich etwas Erfreulicheres: eine Fernsehreportage über die glückliche Ankunft eines Zugs mit ukrainischem Mais in Wien. Angesichts dessen, dass Ternopil, wo sich der Maisexpress auf den Weg gemacht hat, in den östlichen Randgebieten der ehemaligen österreichisch-ungarischen Monarchie liegt, drängt sich eine nur halb ernst gemeinte historische Anspielung auf: Kehren die Habsburger zurück?

2

Der Krieg, den Russland über die ganze Ukraine gebracht hat, bedeutet nicht nur Raketenschläge, Vernichtung von Treibstofflagern und landwirtschaftlichem Gerät, nicht nur die Verminung von Schifffahrtsrouten und Feldern, auf denen sich schon mehr als ein Traktorfahrer während des diesjährigen Pflügens von seinem Leben verabschieden musste.

Er bedeutet auch ganz banales Plündern.

Aus dem Osten (Gebiet Luhansk) haben die Russen die Getreidevorräte für drei Jahre mitgenommen. Am 27. April wurde im Internet der Beschluss der gesetzgebenden Versammlung des russischen Gebiets Krasnojarsk über die »Enteignung des Überschusses der letztjährigen und diesjährigen Ernte der Bauern im Gebiet Cherson« (ukrainischer Süden) veröffentlicht. Die Russen plündern die besetzten Gebiete und raffen unkontrolliert alles an sich, was ihnen in die Finger kommt. Wie diejenigen, die unter Okkupation gerieten, erzählen, wiederholten die Plünderer ausdauernd: »Ihr lebt viel zu gut! Wer gibt euch das Recht, besser zu leben als wir?« So schleppen sie aus den ukrainischen Häusern alles weg, was ihnen vor die Augen kommt – Waschmaschinen, Kühlschränke, Fernseher, Mikrowellen, Kloschüsseln, Geschirr, Spitzenwäsche, Parfüm, Laptops,

Gadgets … Die Liste ließe sich über dutzende Seiten fortsetzen.

Getreide und Gemüse jedoch wird nicht unkontrolliert mitgenommen, sondern methodisch und systematisch. Es ist Teil ihrer Taktik: künstlich erzeugten Hunger als Waffe zu verwenden.

3

Aber war das nicht schon immer so? Was hatte Russland den Ukrainern während der ganzen 300-jährigen Herrschaft über sie zu bieten? Nichts als Unterjochung.

Wozu brach Peter I. Fenster zu den Meeren in sein Moskauer Zarenreich, Fenster nicht nur zur Ostsee, sondern auch zum Schwarzen Meer? Wozu kämpfte Russland das ganze 18. und ein Gutteil des 19. Jahrhunders gegen die Türken? Wozu beteiligte es sich allzu gierig und bereitwillig an den Teilungen Polens und nahm diesem Land die Reste seiner Souveränität?

Es handelt sich hier nicht nur um die imperialistische Gier, sich Territorien anzueignen, begründet in den fixen Ideen der Moskauer Monarchen, die sich seit 1721 russische Monarchen nannten. Es handelt sich auch um den ganz pragmatischen Drang nach Süden – vor allem darum, die Kontrolle über die »Kornkammer Europas« zu gewinnen.

Mit ihrem für die Landwirtschaft unglaublich günstigen Klima und den fetten Schwarzerdeböden erscheint die Ukraine, aus imperialer Perspektive »die südliche

Rus'«, in den Gedichten der Romantiker als Idylle – »das Land, in dem Milch und Honig fließen«. Endlose goldene Weizenfelder, Gärten und Bienenstöcke, Windmühlen und Teiche voller Fische, riesige Weiden mit unzähligem Vieh – ein echtes Paradies auf Erden, zumindest ein bäuerliches. Die poetischen Ergüsse dissonieren jedoch scharf mit der realen Hölle, die der russische Staat den damaligen ukrainischen Bauern bereitete, indem er sie in die Leibeigenschaft zwang, also freie Menschen zum Eigentum russischer adliger Landbesitzer machte.

Bis 1775, als Katharina II. der Ukraine die letzten Reste an Autonomie nahm, war die ukrainische Gesellschaft dominiert von einer spezifischen Klasse, halb Krieger, halb Bauern. Gleich geschickt mit Waffen wie mit agrarischem Gerät, entwickelten diese Menschen eine eigene Kultur, optimal angesichts der häufigen Überfälle von Tataren und Türken aus den Steppen des Südens.

Wenn ich heute Fotos sehe, auf denen ukrainische Dörfler mit ihren Traktoren erbeutete russische Panzer abschleppen oder, nur mit Äxten und Mistgabeln bewaffnet, russische Soldaten gefangen nehmen, dann beginne ich zu vermuten, dass es sich in Wirklichkeit um postmoderne Repliken jenes scheinbar vom russischen Zarismus und später vom Bolschewismus vernichteten kulturellen Paradigmas handelt, in dem pflügen, säen und kämpfen gleichwertige Aufgaben waren. Der Kampftraktor des ukrainischen Bauern erscheint als maximal ausgeprägte Verkörperung seiner ererbten aufständischen und partisanischen Mentalität.

4

Im Jahr 1939 kam der Film »Traktoristen« (deutsch: »Junges Leben«) des Regisseurs Iwan Pyrjew in die sowjetischen Kinos. Die ideologische Aufgabe dieser insgesamt nicht lustigen, aber bemüht lebensfrohen Komödie war es zu zeigen, wie viel Glück und Wohltat das Kolchossystem den Bauern des ukrainischen Südens gebracht hat. Übrigens drohen die Russen gerade jetzt den Bauern in den besetzten Gebieten damit, die Kolchosen wieder einzuführen, sie hineinzuzwingen und 70 Prozent der Produktion »für den russischen Bedarf« einzubehalten.

Aber zurück zu den »Traktoristen«.

Die Heldin des Films ist eine fortschrittliche Traktoristenbrigadeführerin. Der Held – ein eben aus den Reihen der Roten Armee demobilisierter Panzerfahrer, der sein in der Armee erworbenes technisches Wissen nun meisterhaft an der zivilen, der Traktor-Front, umsetzt. Die beiden verlieben sich ineinander, und ihre Hochzeit wird zur letzten Szene des Films, wo hunderte Menschen vor dessen Porträt gleichzeitig das Glas auf Stalin erheben.

Im Film erklingt nur die russische Sprache, aber dass es eben um die Ukraine geht, davon zeugen die Namen: ausnahmslos alle sind ukrainisch. Für meinen Geschmack sogar betont ukrainisch. Die Orte, an denen gedreht wurde, liegen heute zu beiden Seiten der südlichen Frontlinie im Oblast Mykolajiw.

Bezeichnend, dass es eine weitere ideologische Aufgabe des Films war, die Masse der sowjetischen Zuschauer (und das Regime sorgte im ihm eigenen alternativlosen Stil dafür, dass »Traktoristen« von Millionen gesehen wurde) auf den in naher Zukunft unausweichlichen Krieg vorzubereiten. Panzer und Traktor sind de facto zwei stählerne Verkörperungen der Stalin'schen Macht – auf dem Schlachtfeld wie auf dem Feld der friedlichen Arbeit. Das Panorama der ukrainischen Steppe mit Dutzenden von Traktoren bis zum Horizont hinterlässt den Eindruck von Größe und Unbesiegbarkeit.

5

Aber der Film »Traktoristen« hatte noch eine dritte, öffentlich nicht erklärte, also verdeckte Aufgabe: ein für alle Mal mit dem Thema des von Stalin und seiner Umgebung organisierten Verbrechens, heute Holodomor genannt, abzuschließen. Es, das Thema, zu verschleiern, zu verwischen, zu verdecken und mit Liedern und Gelächter zu übertönen.

Der künstlich erzeugte Hunger in den Jahren 1932/33, der nach den konservativen Schätzungen einiger Historiker an die vier Millionen Leben kostete, war die Antwort Stalins und seiner Umgebung auf den aktiven Widerwillen der Ukrainer gegen die Kollektivierung. Der ukrainische bäuerliche Individualismus, die schon erwähnte besondere aufständische Mentalität des Halbkriegers-Halbbauern blockierten konkret die totalitären Anstrengungen des Regimes und gerieten außer Kontrolle. Der Holodomor wurde, um in der heutigen

Putin'schen Terminologie zu bleiben, als echte Spezialoperation geplant und umgesetzt. Den ukrainischen Bauern nahm man nicht nur das gesamte Getreide – bewaffnete bolschewistische Einheiten konfiszierten oder vernichteten alles Essbare (Gemüse, Saatgut, sogar Speisereste im Ofen). Zudem konnten die Bauern vor dem Hunger nicht in die Städte fliehen: Dörfer oder ganze Gebiete wurden umzingelt und in Todesghettos verwandelt, aus denen keine lebendige Seele entkommen konnte. »Mitte 1933«, schreibt unser Zeitgenosse, der Historiker Wolodymyr Wjatrowytsch, »erreichte der Holodomor seinen Höhepunkt – im Juni starben jede Minute 24 Ukrainer.«

Der menschenvernichtende Zynismus jenes Megaverbrechens ist beispiellos: mit Brotlosigkeit diejenigen vernichten, die ganz Europa hätten mit Brot versorgen können (und das in besseren Zeiten gerne taten). Dem Ukrainischen das Rückgrat brechen, indem man ihm zwangsweise das nahm, worauf seine ganze Kultur gründete, ihm seinen »genetischen Code« todbringend infizierte, es durch massenhaften Hungertod erniedrigte.

6

Die weltweite Nahrungsmittelkrise, über die immer häufiger und aufgeregter geschrieben wird, verspricht sich schon bald von einer, milde ausgedrückt, Krise in eine echte Katastrophe zu verwandeln. Gleichzeitig öffnet sie vielen von uns die Augen: wir hatten gar nicht gewusst, wie bedeutend unser Land ist. Jedenfalls ahnten wir nichts von seinem bedeutenden Platz auf dem globalen Nahrungsmittelmarkt.

Wenn aber schon in den Supermärkten des wohlhabenden England heimlich der Verkauf von Sonnenblumenöl rationiert wird, wie wirken sich dann dieselben Prozesse auf das nicht sehr wohlhabende Afrika aus? Oder Asien?

Und wenn der Westen schon über eine Aufhebung der Sanktionen gegen das Regime Lukaschenka nachdenkt – bloß um von ihm die Erlaubnis zum Transport ukrainischen Getreides durch Belarus zu den baltischen Häfen zu bekommen –, dann ist die Situation wohl wirklich bedrohlich.

Ich will hoffen, dass nicht nur uns, den Ukrainern, die Augen geöffnet wurden.

Jeder Tag dieses Kriegs vertieft die Krise und die künftige Katastrophe. Die Zeit spielt nicht für die Weltgemeinschaft. Versteht der Westen etwa immer noch nicht, dass es vorteilhafter, rationaler und schließlich auch menschlicher ist, dieser brutalen Aggression auf dem offensichtlichsten Weg ein Ende zu bereiten – durch den Einsatz der eigenen Streitkräfte? Dass das »Ersticken« Russlands durch Sanktionen praktisch nicht wirkt und aufgrund der den wirtschaftlichen Beziehungen eigenen Vieldeutigkeit und Ambivalenz die ganze bisherige Sanktionspolitik immer mehr einer »Selbsterstickung« des Westens gleicht?

Die Deblockierung des Schwarzen Meeres, aller ukrainischer Häfen – das wäre die richtige Antwort auf die Putin'sche Herausforderung. Und sie ist absolut realistisch. Man braucht nur eine gewisse Anzahl präziser und moderner Anti-Schiffs-Waffen, auf die die Nachkommen der ukrainischen friedlichen »Traktoristen« so dringend warten.

Oder, noch besser – das Erscheinen der britischen Flotte. Sie, die Briten, würden nicht zum ersten Mal russische Kriegsschiffe im Schwarzen Meer versenken, während der Preis für die fortgesetzte Nichteinmischung der Weltgemeinschaft außergewöhnlich hoch sein könnte.

2022

Versklavter Wahnsinn: Die Antiwelt

»... handelt es sich jedoch um größere Völker, dann wird der Kampf gegen den Nationalismus in Etappen geführt werden müssen. In der Ukraine sind schon bedeutende Erfolge festzustellen. (...) Die ukrainischen Dichter und Kritiker, die eine selbständige ukrainische Literatur begründen wollten, leben nicht mehr. Tot sind auch die Schauspieler, die ein nationales Theater hatten aufrechterhalten wollen und die sich etwas zu hohe Ziele gesteckt hatten, als sie mit dem russischen Theater in Wettbewerb treten wollten.«

Czesław Miłosz[1]

1

Am 10. Februar 2022 hatte ich in Kyjiw zu tun. Unter anderem traf ich einen meiner Verleger und literarisch Gleichaltrigen (wir gehören zur Generation der sogenannten Achtziger), den Dichter M. Bei ihm hatte sich ein bisschen Geld aus dem Verkauf meiner Bücher angesammelt – das, was man bei uns seit einiger Zeit mit dem sympathischen westlichen Wort Royalty bezeichnet.

Als ich zu M. ins Büro kam, fiel mir auf, dass der alte Kumpel nervös, um nicht zu sagen verstört aussah.

»Was denkst du, greift er an?«, fragte M.

1 Verführtes Denken, Teil IX – Die Balten. Zitiert nach der Übersetzung von Alfred Loepfe. Köln 1954. S. 229/230.

Das Subjekt zu nennen, war überflüssig: damals verstand jeder *by default*, dass das Subjekt Putin oder Russland hieß.

»Höchstwahrscheinlich«, antwortete ich. »Ich denke, es dauert nicht mehr lange.«

Ich war tatsächlich der Meinung, dass der Abszess aus Drohungen und unzweideutigen militärischen Vorbereitungen schon reif war zu platzen.

M. wurde noch blasser und jammerte über seine schlimmen Aussichten: nicht nur das Land mit seiner Freiheit zu verlieren, sondern auch den in mehreren Jahrzehnten harter Verlegerarbeit angesammelten durchaus beachtlichen Besitz. Alles weg.

»Die Arbeit läuft nicht«, beschwerte sich M., »ich kann mich nicht konzentrieren. Der Verkauf ist gesunken, wenn überhaupt noch irgendetwas verkauft wird. Was sollen die Leute mit Büchern anfangen, wenn er gleich losschlägt?«

Ich verfügte über keine überzeugenden oder beruhigenden Worte. Vielmehr hatte ich welche, aber nur insgeheim – nicht für ihn, sondern für mich: Wie gut, dass ich kein Business habe, nicht einmal ein verlegerisches, und keine sechsstelligen Bankkonten. Der arme M. war nicht zu beneiden.

Später nahm er sich dann doch zusammen und lud mich wie üblich zum Lunch ein. Diesmal ging es in irgendeine Mall in der Nähe seines Verlags. Auf dem Weg machte mich M. darauf aufmerksam, wie viel weniger Autos und Fußgänger es hier im Zentrum der Hauptstadt gebe. Die Menschen hätten Kyjiw in den letzten Wochen massenhaft verlassen, sagte er. Manche hätten sich nach Lemberg verzogen, manche in die Berge, manche auch hinter sie. Was bedeutete – ins Ausland.

Dann nahm sich M. das bekannte Subjekt vor. Seiner Meinung nach konnte nur eine außergewöhnliche mystische Erscheinung Putin stoppen, denn Putin selbst sei ein Mystiker, noch dazu mit offensichtlichen mentalen Problemen. Momentan halte ihn noch die Winterolympiade in China zurück, sagte M., und man wisse nicht, was besser für uns sei – dass die Russen zum Beispiel im Eishockey gewinnen oder dass sie verlieren. Im ersten wie im zweiten Fall könnte Putin sich mystisch ermutigt fühlen, den Krieg zu beginnen.

»Wir müssen überraschend und vorbeugend handeln«, teilte M. seine Ideen mit mir. »Zum Beispiel mit Raketen die Kertsch-Brücke zerstören. Oder seine Flotte in Sewastopol attackieren. Das könnte der Schock sein, der ihn stoppt.«

Das gefiel mir. Überraschendes Handeln – das ist mein Ding. Vorbeugend handeln ist am vernünftigsten, vor allem, wenn es um das Kreml-Untier geht.

Im italienischen Restaurant, das wir besuchten, gab es den besten Cheesecake Kyjiws. Es ist dem Namen nach nicht wirklich ein italienisches Dessert, aber genau in diesem italienischen Restaurant gab es den besten. So jedenfalls schien es M.s Frau.

»Sie frequentiert das Restaurant nur wegen des Cheesecake«, informierte mich M.

Obwohl ich Süßem gegenüber eher gleichgültig bin, ist mir das in Erinnerung geblieben.

Dass es ein teurer Laden war, zeigte sich an den jungen und sehr schönen, model-gleichen Frauen im Innern des Restaurants. Quantitativ (und natürlich auch qualitativ) übertrafen sie alle anderen Besucher, uns eingeschlossen. Ich dachte, dass sie sich besser in eine andere Stadt in Sicherheit bringen sollten. An künftige Vergewaltigungen dachte ich damals noch nicht, aber tief im Inneren meldete sich die Erinnerung, dass sie unvermeidlich wären, wenn man mit Russen zu tun hat.

Die angenehme Atmosphäre und das gute Essen beruhigten M. merklich. Er löste sich sogar ein wenig von seinen Katastrophengefühlen und begann, über Rilke zu reden. Es hat bei uns lange keine hochwertige Neuausgabe gegeben. Ich nannte ihm einen möglichen Verfasser für das künftige Nachwort. M. rief ihn sofort an und erzielte eine prinzipielle Übereinkunft. Wie in normalen Zeiten, dachte ich.

Aber die Sorge kehrte bald an ihren angestammten Ort zurück.

»Ich hätte Ihnen das doppelte Trinkgeld gegeben«, sagte er zum Kellner, »wenn Sie aus Höflichkeit wenigstens ein Mal Ukrainisch geredet hätten.«

»Ich bin absolut für die Ukraine und gegen die Moskowiter«, antwortete der Kellner. »Aber ich stamme von der Krim, nicht von hier.«

Daraufhin erhöhte sich die Summe des Trinkgelds.

Als wir hinaus auf den Boulevard traten, wo wir uns verabschiedeten, versuchte ich es mit ein paar aufmunternden Sätze. Vielleicht würde meine Offenheit M. helfen, zu sich zu kommen?

»Weißt du, ich habe keine Angst«, versicherte ich M. »Denk doch nur an unsere Jugend, den ganzen Sowjetscheiß. Was haben wir doch für ein Glück – erleben zu dürfen, dass wir ein absolut erträgliches Land haben! *Was soll ich denn sagen vom Leben? Es dauert lange!* Dein und mein Leben ist doch absolut gelungen, so dass wir jetzt ruhig... Es ist überhaupt nicht beängstigend, überhaupt nicht.«

»Ja wenn sie einfach nur morden würden!«, widersprach M. »Das Schlimme ist ja, dass sie Schmerz zufügen werden. Folter! Sie sind da total einfallsreich. Wir machen uns gar keine Vorstellung davon, welche Schmerzen uns erwarten. Das ist es, wovor ich Angst habe.«

Und dann sagte er noch:

»Wir stehen doch alle auf ihren Listen. Solche wie du und ich sind bestimmt unter den ersten Tausend.«

»So prominent? Ich eher unter den zweiten«, versuchte ich zu scherzen.

2

Die folgenden Wochen zeigten: was die Listen anging, war alles genauso. Die britischen (oder waren es die amerikanischen?) Geheimdienste hatten nicht übertrieben, nicht unnötig Schrecken verbreitet, nichts erfunden. Die Russen führen schon Jahre, wenn nicht Jahrzehnten schwarze Listen mit Ukrainern. Im Grunde haben sie nie aufgehört damit. Sogar im Moment des Zerfalls der UdSSR wurden die Listen aktualisiert und ergänzt. Ganz zu schweigen von den Zeiten danach.

Die besetzten Gebiete des ukrainischen Südens sind der offensichtlichste Beweis. Journalisten, Blogger, Kulturaktivisten, Künstler. Veteranen des »kleinen Donbas-Kriegs«. Vertreter der lokalen Selbstverwaltung. Mitglieder politischer Parteien. Unterschiedlichste Personen des öffentlichen Lebens, die für ihre klaren proukrainischen Haltungen und Handlungen bekannt waren. (Aber was für Haltungen und Handlungen kann es sonst geben bei einem Bürger des Landes Ukraine?)

Alle, die nicht ausgereist waren oder ein sicheres Versteck gefunden hatten, spürten die Besatzer ziemlich schnell auf. Adressen, Bewegungsmuster – alles fand sich in den russischen Datenbanken. Ein großer Teil dieser Menschen gilt bis heute als vermisst. Ein anderer wurde nachweislich ermordet. Ein paar hat man vorübergehend freigelassen, um das tödliche Katz-und-Maus-Spiel weiterzuspielen. Längst nicht alle sind bereit zu erzählen, was ihnen passiert ist.

Warum gerade sie? Wozu überhaupt diese Listen?

Handelt es sich um einen besonders wertvollen Typ Geisel? Intellektuell, kreativ, mit staatsbürgerlichen Positionen und Führungsqualitäten?

Den man psychologisch (über das Physische) bearbeitet mit dem Ziel, die »reuigen Sünder« in die »Russische Welt« zurückzuführen?

Ein weiterer Akt der, nach Czesław Miłosz, Verführung des Denkens? Ein Update der osteuropäischen Praktiken der zweiten Hälfte der 1940er Jahre?

Wahrscheinlich sowohl das Erste als auch das Zweite und Dritte. Vor allem das Dritte, denn immer will Russland nicht nur die Territorien, sondern auch die Köpfe erobern.

Für den Erfolg dieser dritten Aufgabe benötigte die russische Propagandamaschine ein grundlegendes ideologisches Simulakrum. Sie fand es am Vorabend der Orangen Revolution, also irgendwann im Sommer 2004, als sie den oppositionellen Präsidentschaftskandidaten beharrlich (und nicht ohne aktive Beteiligung der damaligen regierungstreuen ukrainischen Medien) mit »Faschismus« und »Nazismus« in Verbindung brachte. Machtvoll aber begann dieser »Diskurs« im Jahr 2014 zu wirken – im Moment der Flucht Janukowytschs und des Machtwechsels.

In der kürzesten Version sieht er nach heutigem Stand so aus: Die Ukraine ist eine Staatsschöpfung der Nazis, und Russland sieht sich einfach gezwungen, sie zu vernichten. Dass das mit der Wirklichkeit nicht das Geringste zu tun hat, ist egal. Umso schlimmer für die Wirklichkeit.

Auf die spezifisch russische Auslegung des Begriffs »Nazismus« werde ich gleich noch zurückkommen, zuerst aber ein kleiner Exkurs in das erwähnte »verführte Denken«.

Anfang der 1950er Jahre wies Czesław Miłosz auf die stalinistischen kulturellen Säuberungen in der Sowjetunion hin. Davon handeln die Zeilen, die ich als Epigraph gewählt habe. In Wahrheit findet sich darin der Widerhall der Repressionen, die die ukrainische Kultur hauptsächlich in den 1930er Jahren erleiden musste, als das stalinistische Regime tausende ihrer Kreativen vernichtete, vor allem Schriftsteller. Der Herausgeber von Miłosz' »Verführtem Denken«, Jerzy Giedroyc, wird vorschlagen, sie die Erschossene Wiedergeburt zu nennen, und dieser Vorschlag wird nicht nur zum Titel einer legendären Anthologie, sondern auch zu einem historisch-kulturwissenschaftlichen Terminus für eine ganze Epoche und ihr mörderisches Ende werden.

Als er am »Verführten Denken« arbeitete, bemerkte Miłosz eine russische Priorität, die sich bis heute nicht geändert hat: keinerlei Ukraine!

Dieser Krieg, diese *Spezialoperation*, ist komplett gestrig. Wobei es sich nicht einmal um historische Kontinuität handelt, sondern um etwas Schlimmeres: Die Zeitläufte werden auf den Kopf gestellt.

3

Belagerung, Beschuss und Bombardierungen rund um die Uhr, Verstecken in Dunkelheit, Kälte und Hunger, ohne Wasser und Medikamente, sogar chemische oder, Gott behüte, nukleare Angriffe – all das ist besser als die Okkupation. Man darf nicht lebendig in die Hände der Russen fallen, keinesfalls. Mein Freund M. hatte vollkommen recht.

Natürlich gab es auch die Möglichkeit, ins Ausland zu fliehen. Aber die schied wegen ihrer Banalität und Erbärmlichkeit aus. Man stelle sich nur das katastrophale Altern eines Schriftsteller-Emigranten vor, der sein Leben in allen möglichen, mehr oder weniger komfortablen Residenzen des barmherzigen Westens zu Ende bringen muss! Die einzige Errungenschaft dieses Schriftstellers ist das Scheitern seines Lebensprojekts, und die totale Niederlage bestimmt von nun an unveränderlich seine Lage. Eine gewisse Zeit lang ist er für die Medien noch interessant, mitfühlend lädt man ihn ein, Zeitungsspalten zu füllen und in Funk und Fernsehen zu sprechen. Aber nach zwei oder drei Monaten öffentlichen Interesses obsiegen andere Themen, vielleicht sogar weniger pessimistische, für die öffentliche Diskussion angenehmere als das Thema seiner geplünderten und niedergetrampelten Heimat. Schneller, als er dachte, findet er sich im Vergessen und im Vakuum wieder. *Was soll ich denn sagen vom Leben? Es dauert lange!* Traurig, unsagbar traurig.

Nein zur Okkupation. Zur Emigration ebenfalls. Was bleibt also?

Mein Plan nahm praktisch am Vorabend des Kriegs Gestalt an, während eines Telefoninterviews mit Warschau. Der Journalist wollte wissen, ob ich in die Armee eintreten würde. Von seiner Seite aus war das völlig logisch, nachdem er gehört hatte, dass ich nicht vorhatte, in ein sichereres Land auszureisen. In die Armee wohl nicht, antwortete ich. Eher etwas, das es mir erlauben würde, im Widerstand größere individuelle Autonomie zu bewahren. Waffen beschaffen und zuverlässige Freunde finden für eine kleine Partisaneneinheit. Unsere Karpaten sind ein außergewöhnlich gutes Terrain für das Partisanentum. Ich kenne dort jeden Pfad, begann ich unmerklich für mich selbst zu übertreiben. Die Erfahrung der Aufstandsarmee, die sich bis Ende der 1950er Jahre in den Wäldern hielt, hat sich nicht in Luft aufgelöst. Hauptsache, du trennst dich rechtzeitig vom Smartphone, um dem Feind die technologischen Möglichkeiten zu nehmen, dich zu orten. Sich von seinen Gadgets zu trennen, ist in Kriegszeiten kein allzu großes Opfer.

Aber das war sozusagen das Maximalprogramm. Denn die Umstände konnten sich auch völlig anders entwickeln. Sollte es unmöglich sein, aus der Stadt zu kommen und in direkten Kontakt mit den Partisanenfreunden zu treten, würde die Waffe (und sei es eine selbstgebaute, zum Beispiel eine Flasche mit explosiver Mischung) einem würdigen und nützlichen Tod dienen. Aus der Deckung bis zum Letzten schießen – in deiner Straße, vor dem Haus, sie am Eingang niedermachen, oder aus dem Fenster, oder von der Schwelle, hinter einem Sandsack liegend. Die letzte Kugel für dich selbst, die vorletzte für deine Frau. Aber auch das ist wieder übertrieben – beide für dich, die vorletzte und die letzte. All das kam in Frage. Hauptsache, ihnen nicht lebendig in die Hände fallen. Hauptsache, ihre Folter, Anwerbeversuche, *Filtration*, Kastration nicht erleben müssen. Hauptsache, nicht erlauben, dass sie dich *umerziehen*!

So sah ich das am 22. Februar, und am 23. Am 23. griffen sie nicht an, obwohl es der Tag der Roten Armee war. Der Angriff erfolgte am 24.

4

Tatsächlich begann alles mit Geräuschen: irgendwo explodierte etwas. Nicht hier, nicht in der Nähe, nicht vor den Schlafzimmerfenstern, aber auch nicht sehr weit davon entfernt. Die Geräusche waren dumpf. Im halbschlafenden Übergang in die neue Realität beruhigte ich mich mit dem Gedanken, dass sie vom Truppenübungsplatz herkämen, wo unsere Artillerie übte. Prima, dass sie üben, gut so.

Ich griff nach dem Tablet und las die Überschrift der Nachricht des Tages: PUTIN HAT DEN KRIEG BEGONNEN.

Die Natur der Explosionen wurde verständlicher, als ich ins Wohnzimmer ging und aus dem Fenster schaute. Am dunkelgrauen Morgenhimmel breitete sich, in alle Richtungen kriechend, eine schwarze Masse Rauch aus. Die ersten Raketen regnete es in diesem Krieg unter anderem auf unseren Flughafen. Darin lag etwas Dummes und Freches zugleich. Unser provinzieller kleiner alter sowjetischer Flugplatz, der in Jahrzehnten nicht eine einzige Renovierung erlebte – was für ein Ziel! Warum so einen Flugplatz mit Raketen beschießen?

Sofort aber fiel mir ein, wie Putin zwei Tage zuvor in seiner üblen Ansprache vor dem Kreml-Vasallentum auch ihn nicht ausgelassen hatte: »Das mit Hilfe der Amerikaner modernisierte Netz aus den Flughäfen Boryspil, Iwano-Frankiwsk, Tschuhujiw, Odessa und anderen ist in der Lage, den Transport von NATO-Truppen in kürzester Zeit zu gewährleisten.« Wir hatten noch über diese Phantastereien gespottet – entweder gaukelte ihm das sein Geheimdienst vor oder sein von Wut verbranntes Gehirn. Die Amerikaner! Die Amerikaner hatten unseren Flugplatz modernisiert! Schau an, das wussten wir gar nicht.

An jenem Morgen aber regnete es nicht nur Raketen. In meine Mailbox ergoss sich ein Strom von dutzenden, hunderten Briefen – von Bekannten, Freunden und einfach nur Journalisten aus anderen Ländern. (Irgendwann einmal, in ruhigeren Zeiten, werde ich ihre genaue Zahl ermitteln, beginnend mit dem ersten Tag, dem 24. Februar.)

Unter denjenigen, die mir in jenen Stunden, Tagen und Wochen schrieben, waren auch solche, mit denen ich noch vor kurzem stritt, und solche, mit denen ich noch nie gestritten hatte, weil es hoffnungslos war. Es gab welche, die ich erst vor ein oder zwei Monaten zuletzt gesehen hatte, und solche, denen ich seit zehn, fünfzehn oder fünfundzwanzig Jahren nicht mehr begegnet war. Und dann noch solche, von denen ich überhaupt nicht weiß, ob ich sie überhaupt je gesehen habe.

Eigentlich wollte ich am liebsten diese ganze Korrespondenz ignorieren und endlich irgendeinen »Notfallrucksack« packen (denn es war passiert!). Oder explosive Cocktails herstellen – leere Flaschen gab es ja in unserem Haus zum Glück genug.

Aber da war nicht nur die Mail – auch das Telefon. Vor allem das Telefon. Ich hatte auch keine große Lust, auf die Anrufe zu antworten, obwohl das Display jedes Mal die Vorwahlen unterschiedlicher Länder zeigte, die ich kannte oder auch jetzt noch nicht kenne.

Ich lief mir den ersten Schock von der Seele, indem ich mit dem Hund seinen notwendigen Spaziergang in den Park machte – in die Richtung, wo der Flughafen lag, über dem noch ein schwarzer Rauchstreifen hing. Er bedeckte den halben Himmel.

Ich beschloss, dass es doch wichtig wäre zu antworten. Die »Amerikaner«, die hier alles »modernisiert« hatten, ließen mir keine andere Wahl. Die Lüge würde unvermeidlich zur wichtigsten Waffe des Feindes werden. Daher war es wichtig, das Telefon abzunehmen – selbst wenn die Nummer, die anrief, eine taiwanesische war. Nein, umso mehr bei einer taiwanesischen.

So begannen unsere Warhol'schen 15 Minuten Ruhm.

5

Der Westen glaubte uns nicht. Er wollte nicht akzeptieren, dass die Ukraine anders war, nicht Russland. Dass die Ukraine sich nach Westen bewegte und dass sogar der Westen sie in dieser Bewegung nicht aufhalten konnte.

Im besten Falle begriff man uns als vom russischen Organismus losgerissene wandernde Thrombose. Ein losgerissener, aber mit dem Organismus tödlich einiger Blutklumpen.

Um uns selbst und die sogenannte demokratische Weltgemeinschaft vom Gegenteil zu überzeugen, taten wir etwas Beispielloses. Die Orange Revolution und der Euromaidan – das sind nur die sichtbarsten Erscheinungen, die Spitzen dieser unaufhörlichen, verbissenen und selbstaufopfernden (ich will eigentlich sagen – »heldenhaften«) Arbeit, mit der die Ukrainer sich Zugang zu einer anderen, einer nichtrussischen Zukunft zu verschaffen suchten.

Aber man verstand uns dennoch nicht als Europäer. Nicht einmal als künftige Europäer – Europäer nicht von der Herkunft, sondern aus eigener Wahl.

Ach ja, die Ukraine. Ewiger Grund für Kopfzerbrechen. Ein *failed state* in der grauen Zone der Nachbarschaft.

Irgendwann später. Vielleicht. Falls. Nicht hier und jetzt. Wir werden sehen. Arbeitet, wir machen uns dann ein Bild.

Es war im Jahr 2009. Berlin bereitete sich in vielfältiger Weise auf das zwanzigjährige Jubiläum des Mauerfalls vor, eines historischen Ereignisses, infolge dessen Europa endlich wieder vereint war. Die Berliner Akademie der Künste plante einen Zyklus von Jubiläumsabenden und bestellte bei mir einen Text, den ich bei einer Veranstaltung lesen sollte. Ich nutzte die Einladung, um einen Essay unter dem Titel »Trotzdem eine Mauer« zu schreiben. Ganz bewusst trübte ich den fröhlichen, fast schon festlichen Ton der anderen Auftritte und begann folgendermaßen: »Ich kann mich einfach nicht damit abfinden, dass die Wiedervereinigung Europas, seines Ostens und seines Westens, die vor zwanzig Jahren so schön begann, erstens glücklich und zweitens überhaupt vollendet sein soll. Das heißt, ich glaube nicht, dass wir heute, im Jubiläumsjahr, das Recht haben, vom ›neuen Europa‹ als von einem unbestreitbaren historischen Erfolg zu sprechen. Und natürlich weiß ich, was, außer dem Gespenst einer Weltwirtschaftskrise, meine Festtagsstimmung stört.«

Es störte mich alles, was die Ukraine betraf. Für sie war die Mauer noch nicht gefallen. Sie hatte zwar schon ein paar Löcher bekommen, aber wir blieben weiter auf der schlechten Seite. Das Jahr 2009 brachte den endgültigen Niedergang des Drives der Orangen Revolution, unzählige Spaltungen und unermesslichen Verrat im proeuropäischen politischen Lager, einen immer verbisseneren gegenseitigen Vernichtungskampf zwischen Herrn Ju. und Frau T.[2], immer offener zur Schau gestellte Frechheit der prorussischen Opposition und ein paar weitere äußerst unangenehme Phänomene.

Die Einstellung der Europäer uns gegenüber – der Eliten wie der gewöhnlichen Menschen – verschlechterte sich merklich und näherte sich rasant dem Nullpunkt. Eben war der zweite Gaskrieg zu Ende gegangen – mit der Moskauer Unterzeichnung schändlicher Knebelverträge. Europa verstand, dass die Ukraine schwach war, gespalten und überaus unzuverlässig. Die orange Schönheit des Maidan versetzte niemanden mehr in Schwingungen und galt in jeder Diskussion nicht als Argument, sondern als schlechter Ton.

Russland hingegen wurde alles verziehen – von der militärischen Zerstückelung Georgiens und der Besetzung seines Territoriums bis zur schändlichen und zynischen Erpressung der Ukraine mit Gas. Mit ein bisschen Übertreibung konnte man diesen ganzen Mist folgendermaßen verallgemeinern: Russland hatte das herausgepresst, was es wollte – aus Europa ebenso wie aus uns. *Vsjo pasvoljeno* – alles erlaubt!

Am Ende meines Essays hieß es: »Wieder habe ich aufgehört, Optimist zu sein, aber ich höre nicht auf, dickköpfig meine Lieblingsthese zu wiederholen. Ich habe mich in ein und dieselbe Idee verrannt: Europa

2 Wiktor Juschtschenko, der 2005 als Folge der Orangen Revolution zum Staatspräsidenten gewählt wurde, entließ seine Ministerpräsidentin Julija Timoschenko nach nur sieben Monaten. Die beiden Weggefährten entwickelten sich zu erbitterten Konkurrenten.

wird sich auf jeden Fall für die Ukraine öffnen müssen. Das widerspricht in entsetzlichen Maße dem heutigen Stand der Ukraine, und im selben Maße, wenn auch auf andere Weise, widerspricht es dem heutigen Stand Europas. Mit einer gewissen rationalen Übertreibung kann man behaupten, dass die Ukraine auf ihrem ›Weg zur Freiheit, wo die europäischen Völker warten‹, heute ungefähr dort ist, wo sie sich vor zehn Jahren befand, Ende der 90er Jahre. Also in der Grauzone postsowjetischer Perspektivlosigkeit – um die Dinge beim Namen zu nennen. Und dennoch bin ich überzeugt: Wir werden trotz allem zusammenkommen müssen. Dafür gibt es eine einzige, aber hundertprozentige Garantie: Russland. Unser großer und mächtiger nordöstlicher Bruder wird alles dafür tun. Die Frage ist nur, welcher Preis für diese künftige europäische Wahl zu entrichten sein wird – und zwar schon im nächsten Jahrzehnt.«

Als ich zu Ende gelesen hatte, bekam ich sogar Applaus. Ich fürchte, dass kaum jemand in diesem vor Intellekt blitzenden Auditorium meinen Sarkasmus erfasste, besonders bezüglich des »nordöstlichen Bruders«. Vielleicht freuten sich die Anwesenden, dass ich für ihre geliebten Russen so warme Worte fand. Ich weiß nicht, wer meinen letzten Satz – über den Preis – wie verstand. Mir ging es um die höchsten möglichen Kosten: unzählige ukrainische Leben, Zerstörungen, Brandstätten, Kultur- und Naturkatastrophen – um all das, was die Kriegsverbrecher aus Russland in die Ukraine getragen haben, genau 13 Jahre später.

Russland hat also die von mir damals vorhergesehene Garantie eingelöst. Nicht ganz im nächsten Jahrzehnt, wie ich schrieb, sondern im übernächsten. Obwohl, wenn man bedenkt, dass Russland diesen Krieg schon 2014 begonnen hat, dann doch im nächsten.

6

Vor fünf Jahren hat mich der Showman Antin Mucharskyj eingeladen, einen Beitrag zum Almanach »Die nationale Idee der modernen Ukraine« zu leisten – und erst war ich genervt. Die nationale Idee? Wie oft denn noch? Wie lange wollen wir denn noch um diese russischen Phantome herumscharwenzeln? Es sind doch immer sie, die ewig unfertigen und dabei krankhaft mit Ambitionen nach der Weltherrschaft oder jedenfalls -führerschaft erfüllten Russen, denen es um solche »Scheinweisheiten« auf dem Niveau von »Ideen« geht – Hauptsache, die eigene Nichtswürdigkeit und verbrecherische Veranlagung erklären (sich selbst) und rechtfertigen (ebenfalls vor sich selbst). »Russland geht seinen eigenen Weg«? Wunderbar. Dann stapft ihn entlang, aber fernab von den normalen Menschen, marschiert in eure erträumte totale Selbstisolation. Dumm nur, dass sie nicht allein in dieses Schwarze Loch stürzen wollen, sondern andere mit hineinzuziehen versuchen. Vor allem uns. Oder wenigstens uns. Wir sind ihre »Nazidee«. Vielmehr unsere Auflösung, unsere Nichtexistenz im von ihnen programmierten Schwarzen Loch, das ist ihre »Nazidee«. Was gibt es da nicht zu verstehen? Was noch zu schreiben?

Dennoch erlaubte ich mir damals nicht, allzu lange genervt zu sein, und nahm die Einladung an. Plötzlich tauchte auf meinem Weg Wladimir Solowjow auf – nicht die satanische Telekanaille, deren italienische Immobilien angeblich konfisziert wurden, sondern der Philosoph und Mystiker Solowjow, Wladimir Sergejewitsch (1853-1900). Ich habe in meiner Studentenzeit ein bisschen was von ihm gelesen, dann ließ die Faszination nach und ich vergaß ihn.

Ich werde noch auf ihn zurückkommen.

Vorerst aber zu einer uns viel näheren Episode. Vielleicht haben nicht alle bemerkt, wie interessant sich – in einer der letzten Wochen vor dem Beginn des derzeitigen Krieges – ein führender Manager einer populären irischen Fluggesellschaft ausgedrückt hat. Er sagte, Ryanair werde die Flüge aus der und in die Ukraine erst mit dem Beginn der sowjetischen Invasion einstellen.

Viele fanden die Aussage des Iren total anachronistisch: welche Sowjets denn, wovon spricht er? Von welcher Zeit redet dieser Aviaboss, wovon träumt der? Warum muss er mit historischen Vergleichen Verwirrung stiften, die doch immer hinken?

Aber das alles waren Vorkriegsreaktionen. Sie sind dort zurückgeblieben, in der Vorkriegswelt. Einer Welt, die von Bomben und Raketen zerstört wurde, eine Welt, die es nie mehr geben wird.

Der heutige Charakter des Krieges zeigt, wie recht der Ire hatte. Ja, diese Invasion ist eine sowjetische. Eine sehr sowjetische, überaus sowjetische, möchte ich hinzufügen. Wie als vor hundert Jahren die Roten, die Bolschewiken bei uns einfielen. Da haben Sie die ganze »Nazidee«: Massenterror, Erschießungen, Folterungen, Vergewaltigungen – alles auf Dserschinski-Art, Stalin-Art, Schukow-Art, alles wie immer. Das ganze üble Erbe, das ganze böse Imperium. In völliger Übereinstimmung mit ihrem selbstgewählten Symbol: Z wie Zombie.

Bezeichnend, wie Putin in seiner Haltung zum bolschewistischen Erbe irrt. Nachdem er eine nach Umfang und Niveau der Profanation bemerkenswerte und außergewöhnlich manipulative »historische Studie« veröffentlicht hatte, unterstrich er bei jeder Gelegenheit seine äußerst negative Haltung zum Lenin'schen historischen Projekt der Teilung des russischen Reichs in Unionsrepubliken. Mehr noch – laut Putin gäbe es die Ukraine ohne Lenin und seine Bolschewiki überhaupt nicht. Die Ukraine sei eine äußerst unglückliche Erfindung Lenins und Stalins. In dieser Frage stellt sich Putin, wie wir sehen, gegen die verfestigte (ich würde sagen – klassische) These der russischen imperialen Propaganda, die Ukraine sei eine »Erfindung des österreichischen Generalstabs während des Ersten Weltkriegs«. Nicht der österreichische Genstab, sondern Lenin und die gesamte bolschewistische Führung sind in Wirklichkeit schuld daran, dass so etwas wie die Ukraine überhaupt in die Welt kam, behauptet Putin.

Gleichzeitig treibt ihn die in der Ukraine seit 2015 durchgeführte Dekommunisierung fast in den Wahnsinn, das Schleifen der Leninstatuen (der sogenannte Leninsturz, der spontan schon früher begann – während der Revolution der Würde) und anderer sowjetischer Denkmäler und Symbole sowie die mehr oder weniger konsequente und erfolgreiche Änderung sowjetischer Toponyme. Wer die Ausdauer und das Interesse hatte, Putin zu folgen, als er direkt vor Beginn des Kriegs im Februar die schon erwähnte üble aggressive Rede hielt, drei Tage vor der Invasion, wird diesen Satz nie vergessen: »Wir sind bereit, Ihnen zu zeigen, was für die Ukraine eine echte Dekommunisierung bedeuten wird!«

Ja, ihr Autor ist wirklich konsequent. Sie wollten eine Ukraine ohne Lenin? Da können wir helfen. Aber so, dass die Ukraine aufhört zu existieren. Lenin hat sie erfunden, also soll sie zusammen mit Lenin ins Nichtsein gehen.

Aber wozu dann diese immer noch rotsterngeschmückten Militäreinheiten – wie zum Beispiel die »besondere, mit den Orden Schukows, Lenins und der Oktoberrevolution (!) ausgezeichnete Dserschinski-Division«? Ist das etwa nicht absurd, die Ukraine unter roten kommunistischen Fahnen zu »dekommunisieren«?

Vor diesem sehr symbolischen Hintergrund komme ich zurück auf den Symbolisten Solowjow, vielmehr zu seiner Definition: Die nationale Idee ist nicht, was die Nation selbst von sich denkt, sondern das, was sich Gott für sie ausgedacht hat. Die Bestimmung, die Er für sie gefunden hat. Vor fünf Jahren, als ich über meinen Beitrag zu Mucharskyjs Almanach nachdachte, beschloss ich, davon auszugehen, dass Er für uns eine ziemlich außergewöhnliche Mission erdacht hatte. »Seit Frühjahrsbeginn des Jahres 2014«, fasste ich damals zusammen, »ist die tatsächliche Unabhängigwerdung der Ukraine von Russland zu einem unumkehrbaren Prozess geworden. Damit dieser endgültig wird, also sich erfüllt, braucht es gar nicht viel – den Zerfall der russischen Staatlichkeit. Eben das hat unser guter Schöpfer als ukrainische nationale Idee erdacht. Wir müssen das russische Reich zu Fall bringen. Und am amüsantesten ist, nicht mit militärischen Mitteln. Also unsererseits nicht mit militärischen Mitteln.«

Jetzt muss ich mich korrigieren: vor allem mit militärischen Mitteln. Aus der (und sei es auch nur relativ) friedlichen Demontage des Imperiums, auf die ich damals hoffte, wurde nichts und wird auch nichts mehr. Die Zombies spürten ihr Ende nahen und kamen von Osten, vom Meer und aus Belarus herbeigekrochen. Jetzt muss jeder einzelne noch unzählige Male erschlagen werden. Das ist eine unaussprechlich schwere und harte Arbeit, die Heldenmut erfordert. Kaum einer auf dieser Welt kann sich einer ehrenhafteren Arbeit rühmen. Auf dass Gott uns dabei hilft, seine jahrhundertelange Kombination zu Ende zu spielen.

7

Das Schicksal der ukrainischen Städte und ihrer Bewohner wird von ihrer geographischen Entfernung zu Russland bestimmt. Wobei in diesen Kriegszeiten Russland nicht immer dort beginnt, wo seine international anerkannten Grenzen liegen, sondern manchmal schon direkt hinter der Frontlinie. Odessa beschießen die Russen viel seltener als Mykolajiw, nicht etwa, weil es sie weniger interessieren würde, sondern weil die Frontlinie viel näher an Mykolajiw verläuft.

Je näher an Russland, desto schlimmer. Je weiter entfernt, desto sicherer.

Aber von dieser mehr als offensichtlichen Gesetzmäßigkeit wird keinem leichter um Herz, und die russischen Marschflugkörper erreichen, wenn sie nicht im Flug abgeschossen werden, jede Ecke unseres Landes. Der Unterschied, wenn auch ein manchmal ausschlaggebender, liegt einzig in der Höhe der Wahrscheinlichkeit.

Zwischen Demjaniw Las in der Passitschna-Vorstadt von Frankiwsk, wo ich wohne, und Butscha bei Kyjiw liegen ungefähr 600 Kilometer und 81 Jahre. Aber tatsächlich gibt es solche Distanzen nicht mehr. Weder zeitliche noch räumliche. Die Umstände *solcher* Verbrechen legen sich übereinander und verweisen auf ein und dieselben Formeln des Bösen.

Heutzutage gibt es in unserer Stadt viele Geflüchtete, und um ihre Zeit sinnvoll zu füllen, werden für sie Exkursionen organisiert. Ich weiß nicht, ob man sie nach Demjaniw Las bringt. Vielleicht nicht – um die sowieso schon traumatisierte Psyche nicht weiter zu belasten. Und wahrscheinlich ist das richtig so.

Wie aber dann in seinem ganzen Umfang, seiner historischen Zyklizität das verstehen, was in Butscha geschah? In Borodjanka, Irpin, Hostomel, Makariw? In Wirklichkeit wäre die Liste dieser Ortsnamen, die seit kurzen nicht mehr nur Ortsnamen sind, sondern offene Wunden, noch viel länger. Und der Anfang dieser Liste liegt – nein, nicht in Demjaniw Las, sondern noch viel tiefer.

Dennoch zurück zu Demjaniw Las. Seine ersten Echos erreichten uns an der Wende der sechziger zu den siebziger Jahren. Ich glaube, Radio Swoboda – wer das Risiko einging, den Sender zu hören, der erfuhr davon – berichtete, dass die Russen (oder nannte man sie Sowjets?) seit 1939 und vor allem im Frühjahr und im Juni 1941 im Wald in der Nähe des heutigen Frankiwsk fast ein halbes Tausend Menschen erschossen – sowohl schon durch sie Verurteilte als auch solche, die einfach so geschnappt und zur Bestrafung hergebracht worden waren, darunter Frauen und Kinder. Ihre Überreste, berichtete das Radio, mussten irgendwo hier in dieser Erde liegen. Die damaligen *zuständigen* Organe reagierten sofort. Eine eilig einberufene geheime Sitzung beschloss, die Landschaft bis zur Unkenntlichkeit zu verändern und den schlimmen Ort maximal »wegzuschminken«. Kurz darauf wurde auf einer Fläche von einigen Hektar der Wald gerodet, die Quelle wurde mit Müll zugeschüttet, um den Bach zur vernichten, und damit es überhaupt keine Ähnlichkeit mehr gab, verwandelte man mit künstlichen Aufschüttungen die Oberfläche von einer fast ebenen in eine hügelige. Das war die politische land-art jener Zeiten.

Doch es vergingen zwei Jahrzehnte, die Union wankte – und im September/Oktober 1989 gruben sich Memorial-Aktivisten mit Hilfe von Anwohnern, unter denen noch ein paar Zeitzeugen übrig waren, zu ersten menschlichen Knochen und Schädeln mit den charakteristischen Kugellöchern in der Stirn durch. Es heißt, dass ein bei den Ausgrabungen anwesender Vertreter ebenjener Organe einen unglücklichen Ausdruck prägte: »Euer Stich«. Es war ganz am Ende des Tages passiert, und hätte auch dieser Tag nichts ergeben, dann wäre die Erlaubnis zur Suche annulliert worden und man hätte die Initiatoren wegen Provokation und Verleumdung der humanitärsten Arbeiter- und Bauernstaatsmacht der Welt vor Gericht gestellt.

Stattdessen begann eine wochenlange skrupulöse Arbeit: das Ausgraben menschlicher Überreste, halbverfaulter Sachen, forensische Expertise, schrittweises Identifizieren der ermordeten Personen. Die Gesamtbilanz (nicht die endgültige, fürchte ich) – 524 Menschenleben. Todesursache – Zugehörigkeit zum Ukrainischen. Frauen, Kinder, Jugendliche, junge Erwachsene. Alle.

Die kommunistische Staatsmacht hatte es eilig zu behaupten, die Deutschen seien es gewesen. Aber die Form der Löcher in den Brustkörben widerlegte sie. Damit ein Opfer nicht zufällig überlebte, genügte den Mördern die Erschießung nicht: Sie führten einen Kontrollstoß mit dem Dolch in die Brust. Dass die Löcher viereckig und rombenförmig waren, deutete klar auf die Sowjets hin. Die Deutschen hatten keine Dolche, ihre flachen Klingen glichen eher den späteren sowjetischen Kampfmessern.

Die Berichte davon, dass die Russen in Butscha friedliche Ukrainer abgeschlachtet haben, in einer Zahl, die der Zahl der Opfer von Demjaniw Las glich (obwohl weder hier noch dort die endgültige Zahl feststeht), offenbaren noch eine weitere Ähnlichkeit: die Löcher in der Stirn. Die Schädel von Demjaniw Las und die Köpfe aus Butscha zeugen von ein und derselben *Technik*. Die Großväter haben sie ihren Nachkommen weitergegeben, wie ein Testament der großen Kultur des Massenmordens. Demjaniw Las und Butscha gehören zur selben Kette verbrecherischer Säuberungen.

Obwohl es einen Unterschied gibt. In Butscha haben sie die Köpfe ihrer Opfer noch mit deren eigenen Hemden und Blusen umwickelt. Ich konnte einfach nicht verstehen, warum. Eine Form, den Verurteilten die Augen für die Hinrichtung zu verbinden, bevor das Urteil ausgeführt wurde?

Die Erklärung fand ich zufällig bei einem russischen Kommentator. Wer hätte es mir sonst erklären sollen, wenn nicht sie selbst?

Wenn du von nahe in die Stirn schießt, dann kann es passieren, dass dich Blut und Gehirnmasse vollspritzen – und versuch mal, das abzuwaschen. Darum wurden die Köpfe umwickelt, bevor man in sie schoss. Ob sie es selbst gemacht haben oder die Opfer zwangen, sich die Köpfe zu umwickeln, werden wir in künftigen Tribunalen erfahren.

Die Großväter im Jahr 1941 besorgten sich für diesen Fall spezielle Lederschürzen. Komisch, dass die Armeeausrüster die Nachkommen nicht mit etwas Analogem ausgestattet haben. Aber die wussten sich auch so zu helfen.

Manchmal legt schon der Klang den Sinn offen.

Als Präsident Biden Putin einen Schlächter (*butcher*) nannte, kannte die Welt den Namen Butscha noch nicht. Jetzt befinden sich der *butcher* Putin und Butscha für immer in einem entsetzlichen Zwiegespräch.

Und das Wort »*asvabaditjeli*«, russisch: Befreier, sprechen die Bewohner Charkiws oder des Gebiets Sumy jetzt mit derselben Intonation aus wie die Galizier. Nur dass wir damit schon 1939 angefangen haben.

8

Wozu diese Morde? Diese Gräueltaten?

Jedem ist klar: Sie haben mehr als ein Ziel. Aber es muss doch ein aller-aller geben. Ein allerwürdigstes. Allerhöchstes Ziel.

Dieses Ziel – das kann man heute schon mit Sicherheit sagen – ist die totale Unterwerfung der Ukraine, die – den Russen ist das bewusst – ohne physische Vernichtung eines bedeutenden Teils der Ukrainer nicht möglich ist. Ziel Nummer eins, das höchste Verlangen der mystischen russischen Seele mit all ihrem »Streben«.

Die Frau, die ihrem Ehemann, einem russischen Offizier, im Telefonat vorschlägt: »Vergewaltige ihre Weiber, aber schütz dich.«

Die Mutter, die ihrem demoralisierten Sohn, einem russischen Soldaten, versichert, dass die »Spezialoperation« in Wirklichkeit planmäßig verlaufe und dass man bloß »mehr umbringen muss«.

Der Vater, der Putin dafür dankt, dass man ihm die Leiche seines Sohnes heim nach Burjatien gebracht hat (mehr als 5 000 Kilometer): »Danke, dass ihr die Jungs nicht zurücklasst!«

Ein anderer Vater – stolzer Besitzer eines neuen weißen Autos der Marke Lada, gekauft von der finanziellen Kompensation für den Tod des Sohnes, dem sogenannten Grabgeld. Weiß, nicht schwarz. Der Sohn habe von einem weißen geträumt, sagt der Vater.

Es gibt unzählige Episoden dieser Art. Die Einwohner Russlands gehen entschieden den Weg der Versklavung und versinken immer mehr in ihre Antiwelt.

Die Symptome sind offensichtlich: freiwillige Abgrenzung von der Realität, freudige Zustimmung, zu Zombies zu werden, Genießen der eigenen Unermesslichkeit (*Grenzenlosigkeit*) im Bösen. Und zwar einer Art des Bösen, die die Menschheit schon in fernen Zeiten dunkler Epochen durchlebt und eigentlich überwunden hat. Russland ist die Renaissance des archaischen, längst in die verbotenen Museumsdepots verbannten Bösen.

Der einzige Weg zur Heilung führt über eine vernichtende Niederlage, eine totale Katastrophe von allem, was russische Staatlichkeit heißt. Mindestens dutzende Millionen von Russen müssten sich über sich selbst und ihren Staat entsetzen – über alles, an dem sie nicht ohne Genugtuung Anteil hatten und das sie nicht nur nicht verhinderten, gegen das sie nicht nur nicht den geringsten Widerstand leisteten, sondern das sie guthießen, heimlich oder offen liebten und mit ihrer kleinmütigen opportunistischen Gleichgültigkeit unterstützten.

In dieser Niederlage liegt die einzige Chance Russlands. Je vernichtender die Niederlage, desto realer die Chance auf Heilung.

Diese Niederlage Russlands ist die gemeinsame Aufgabe der freien Welt. Kein fauler Kompromiss, kein neuerliches Appeasement, kein Einfrieren, kein »schlechter Frieden«, kein naiver Wunsch, sich durch Selbstbetrug und auf Kosten der Ukraine von der Bedrohung abzuschirmen. Was es braucht, ist eine sehr einfache Sache – Mut. Teilnehmen am gemeinsamen Sieg über das Böse. Am besten mit den eigenen Armeen: je eher, desto günstiger, und desto besser für die gesamte Menschheit.

9

Das Wort »Menschheit« versuche ich so selten wie möglich zu gebrauchen. Am besten überhaupt nicht. Ach, Menschheit! Wie nicht pathetisch werden? Wie soll man dich ansprechen, um Gehör zu finden? Wie dir erklären, dass dieser »Krieg in der Ukraine« in Wahrheit eine Spezialoperation der Antiwelt gegen die Fundamente deiner Existenz ist, Menschheit?

Die Ukraine stellt sich dieser Antiwelt an vorderster Front entgegen. Sie steht an erster Stelle derjenigen, die diese Antiwelt verschlucken will. Sie hat ihre Geographie nicht selbst ausgesucht, kann aber auch keine andere wählen. Was sie kann, das ist – sich mit aller Kraft dagegen wehren, verschluckt zu werden; nicht kapitulieren; die Nichtexistenz verneinen. Nicht zu kämpfen ist schlimmer als zu kämpfen.

Deshalb hat die Ukraine keine Angst und kämpft.

Die Ukraine ist ein Land mit vielen »nichts«.

Über sie wusste man entweder nichts oder nicht viel. Vor allem, dass sie arm, korrupt, infantil, geteilt und gespalten sei. Nur das haben doch die Medien auf allen

Kontinenten jahrelang über sie berichtet. Wenn sie überhaupt über sie berichtet haben. Denn meistens entging sie ihrer Aufmerksamkeit.

Aber vergessen Sie das alles: Jetzt leistet dieses gespaltene, dieses korrupte, dieses unfertige Land, dieser *failed state* schon fast 300 Tage seinen heldenhaften, verbissenen, verzweifelten, vor allem aber erfolgreichen Widerstand gegen eine perverse Despotie und die ebenso perverse und bis an die Zähne bewaffnete todbringende »zweite Armee der Welt«.

Denkt an uns und bleibt an unserer Seite. Diese Mission darf uns nicht mehr misslingen.

März bis Juli 2022, ergänzt am 5. Dezember desselben Jahres.

Freedom is our Religion

In der Schule mussten wir ab und zu Heine auswendig lernen. Wenigstens eines seiner Gedichte – und natürlich erraten Sie sofort, welches. Richtig – genau das. Ich erkenne die Absolventen meiner Schule »mit erweitertem Deutschunterricht« auch heute noch an dem bei ihnen beliebten Spruch »Ich weiß nicht, was soll es bedeuten«. Man kann ihn zu jedem Anlass, oder auch einfach nur so, anbringen, und er passt immer.

»Von allen deutschen Dichtern des 19. Jahrhunderts hatte wohl Heinrich Heine das meiste Glück mit der Übersetzung ins Ukrainische«, bemerkte der ukrainische Klassiker Iwan Franko 1902 in seinem Vorwort zur ukrainischen Ausgabe der »Harzreise«. Offensichtlich haben die Ukrainer also damals Heine mehr übersetzt, und entsprechend auch gelesen, als Goethe und Schiller, ganz zu schweigen von Hölderlin, Fontane oder Uhland.

Weiß ich nicht, was soll es bedeuten?

Nein, ich weiß, was es bedeuten soll!

Einer der Gründe für diesen Heinezentrismus der ukrainischen Klassiker ist zweifellos das Revoluzzertum. Und zwar auf beiden Seiten – Heines Revoluzzertum ebenso wie das der Ukrainer (und der Ukrainerinnen, denn die Dichterin Lesja Ukrainka schritt allen voran).

Dabei gibt es bei Heine auch andere schöne Sätze, die man uns in der Schule aber wohl kaum beigebracht hätte. Zum Beispiel diesen: »Die Freiheit ist eine neue Religion, die Religion unserer Zeit.« Ich zitiere das nach »Ein Dichter kam vom Rhein: Heinrich Heines Leben und Leiden« und habe keinen Grund, dem Autor dieses anspruchsvollen Werks nicht zu glauben – Lew Kopelew. Sogar die Wikipedia weiß, dass er »Schriftsteller, Kritiker, Germanist« war. Nach dem Punkt, in einem gesonderten Satz mit nur einem Wort eine gewichtige Ergänzung: »Jude«. Ich würde noch hinzufügen – politischer Emigrant, gebürtiger Kyjiwer, Einwohner Kölns, Dissident und Menschenrechtler. Zwar nicht ohne dunkle Flecke auf seiner Biographie, aber auch sie geben keinen Anlass zu bezweifeln, dass er Heine gewissenhaft zitiert hat.

Daher nehmen wir das Zitat so, wie es ist: Die Freiheit ist eine neue Religion, die Religion unserer Zeit. Bis zur Bewusstlosigkeit verliebt in die französischen Revolutionen, vor allem in die dreitägige Julirevolution 1830 (*Les Trois Glorieuses*), hat Heine uns eine zeitlose Parabel für die einzig angebrachte Religiosität hinterlassen.

In Kyjiw fand *sie* mich – wie könnte es anders sein – auf dem Maidan Nesalezhnosti, dem Unabhängigkeitsplatz, im Herbst 2017.

Es war später Abend, fast schon Nacht, und wir waren zu fünft unterwegs. Eben hatten wir unsere Performance beendet, im Foyer des Nationalen Kunstmuseums, etwas oberhalb des Gebäudes des Ministerkabinetts gelegen, vor dem während der Revolution die Berkut-Einheiten standen und alles abriegelten, rund um die Uhr. Dort herrschte damals ewiges Mordor, manchmal flog ein Molotow-Cocktail in ihre fest geschlossenen Reihen, die den relativen Komfort des Diktators schützen sollten. Jetzt, in der freien Stadt, wo es keine Berkut-Einheiten mehr gab und auch keinen Diktator, gingen wir, ohne auf ein Hindernis zu treffen, hinunter zum Maidan, und ich sah, dass das ehemalige Gewerkschaftsgebäude völlig verhüllt, vielmehr eingepackt war – in eine Art Stoff oder Kunstfaser, als hätte ein lokaler Christo mit Aplomb an diesem riesigen Objekt gearbeitet, das seiner Aufmerksamkeit wirklich würdig war. Und noch dazu mit einer Message: FREEDOM IS OUR RELIGION – das stand in ebenfalls riesigen Buchstaben (so gigantisch, dass man sie vom Weltall aus lesen konnte) auf diesem unbekannten Stoff über der Darstellung einer Kette, die zum Glück schon zerbrochen war.

Die Freiheit ist unsere Religion.

Ich will Ihnen ein bisschen den Kontext erläutern. Das Gewerkschaftshaus war sowohl in der ersten Revolution, der orangen, als auch und besonders während des Euromaidan nicht nur das Organisationszentrum oder eher der Generalstab des Protests; es war auch Pressequartier, Wohnheim für diejenigen, die von außerhalb gekommen waren, Zufluchtsort für besonders scharf verfolgte Anführer, Sammel- und Ausgabestelle für Medikamente, Essen und warme Kleidung und schließlich – improvisiertes Feldlazarett. Es hatte wahrscheinlich noch unzählige andere Funktionen, die mir als einfachem, nicht eingeweihtem Teilnehmer bis heute ein Geheimnis geblieben sind. Die Staatsmacht träumte von nichts anderem, als es einzunehmen. Wäre ihr das gelungen, hätte es das Ende bedeutet. Das Gewerkschaftshaus war das Gehirn der Revolution und gleichzeitig auch ihr Herz, zwei in einem.

Immer wieder griff die Staatsmacht an. Die massivste Attacke musste in der Nacht vom 10. auf den 11. Dezember der gesamte Maidan zurückschlagen.

Moment mal. Wann?

Heute ist der 10. Dezember. Das heißt, dass es kommende Nacht genau neun Jahre her ist seit diesem Sturmangriff und dessen konzentrierter Abwehr. Es handelte sich um ein dichtes, massenhaftes Standhalten – auch im wörtlichen Sinne. Man musste stehen und standhalten. Es durchstehen. Hätten *sie* in jener Nacht den Maidan aufgelöst, wäre ich heute nicht hier.

Das war der Grund meines Dortseins in jener Nacht. Die Glocken des Michaelsklosters schlugen unermüdlich über der Stadt und riefen die Menschen aus den Häusern, der Wärme, der Zone des Geschütztseins, sie sollten Mut fassen, sich anschließen, aufstehen und aufständisch sein, schützen und standhalten. Die Blogger schrieben damals: »Glockengeläut wie im Mittelalter, als der Feind in Kyjiw einfiel.«

So fand auch ich mich dort wieder, in dieser menschlichen, konzentrierten und zu allem bereiten Masse, die immer mehr anwuchs und die trotz Kälte, Dunkelheit und Glatteis dastand und durchhielt. Erst gegen sieben oder acht Uhr, als der Morgen graute und man wieder etwas erkennen konnte, wurde klar: *No pasarán.* Diesmal jedenfalls nicht, und das wollte schon viel heißen. Ich erinnere mich an den Geschmack (oder Geruch?)

des absoluten Siegs – allerdings viel zu voreilig. Bis dorthin blieben noch mehr als 70 Tage (oder, was wichtiger ist – Nächte) und eine bis heute ungezählte Menge an Verlusten, Blut und Tod.

Der Sinn der Geschehnisse geht mir erst jetzt auf, wo ich diese Zeilen schreibe: Ganz offensichtlich haben wir auf diese Weise Heine zum Geburtstag gratuliert! In seinem Koordinatensystem wurden wir auf dem Maidan zu Franzosen, denn wir hatten uns geweigert, Deutsche zu sein.

Ich will mit zwei Zitaten erklären, was ich meine.

Das erste (und ich sage es gleich – das unangenehme) über die Deutschen: »Der Deutsche gleicht dem Sklaven, der seinem Herrn gehorcht ohne Fessel, ohne Peitsche, durch das bloße Wort, ja durch einen Blick. Die Knechtschaft ist in ihm selbst, in seiner Seele; schlimmer als die materielle Sklaverei ist die spiritualisierte. Man muß die Deutschen von innen befreien, von außen hilft nichts.«

Das zweite (Sie werden den Unterschied spüren!) – über die Franzosen: »Die Franzosen sind aber das auserlesene Volk der neuen Religion, in ihrer Sprache sind die ersten Evangelien und Dogmen verzeichnet, Paris ist das neue Jerusalem, und der Rhein ist der Jordan, der das geweihte Land der Freiheit trennt von dem Lande der Philister.«

Der Rhein übrigens ist ja derselbe wie hier, in Düsseldorf. Aber er ist schon lange kein Jordan mehr und trennt nichts. Vielmehr scheint es, als stünden die Philister schon auf beiden Ufern.

Wo aber liegt dann das Land der Freiheit?

Es gab noch eine andere Nacht auf dem Maidan (insgesamt waren es natürlich 91, aber nur einige waren entscheidend). Die Nacht vom 18. auf den 19. Februar, als es schien, jetzt sei alles aus. Es war die Hölle, und der wichtigste Akteur dieser Nacht war das Feuer. Sie waren über die Dächer gekrochen und hatten das Gewerkschaftsgebäude an mehreren Stellen von innen angezündet. Verdammt noch mal, dort sind Menschen umgekommen! Wir fangen schon an zu vergessen, dass das wirklich passiert ist, dass dort Menschen verbrannt sind, einige bei lebendigem Leibe. Wie viele? Als ob das je festgestellt worden wäre. Man äußert sich weiter nur vorsichtig: Sie gelten als vermisst. Was bedeutet das heute, wo es so viele Verbrannte gibt, dass man sie mit kühlem Verstand nicht erfassen kann?

De facto war das der Beginn des Krieges, dieses Krieges, des russisch-ukrainischen. Den wir bis heute erleiden, schon das neunte Jahr. Der Anfang war nicht der 24. Februar 2022, nein. Der 24. Februar 2022 war der Tag, als das Verborgene offensichtlich wurde. Der Versuch der totalen Invasion. Aber eben dieser Krieg, damals noch verborgen und einer, den viele von Ihnen einfach nicht sehen wollten, also verbarg ihn Russland eben ganz beiläufig, begann nicht mit der Annexion der Krim und noch viel weniger mit dem »Aufruhr« im Donbas im April 2014.

Russland griff die Ukraine im Zentrum Kyjiws mit Waffengewalt an, während des Euromaidans. In seinen entscheidenden Minuten und Tagen. Das Anzünden des Gewerkschaftshauses in der Nacht auf den 19. Februar und die Erschießung der Himmlischen Hundertschaft am 20. Februar – das waren die ersten Kriegshandlungen Russlands gegen das freie ukrainische Volk.

Damals, im Februar 2014 (wie während der vorangegangenen Revolutionstage, wie auch heute) ging es den Ukrainern um dasselbe wie Heines Franzosen: um die Weigerung, sich zu unterwerfen.

Genau das ist unser Krieg – die Weigerung, uns zu unterwerfen.

Hier nur eine Episode aus diesem Krieg.

Wenn sie sich aus ukrainischen Territorien zurückziehen und fliehen, hinterlassen die Russen verbrannte Erde und unzählige Tatorte von Verbrechen gegen die Menschlichkeit. Aber nicht nur. Im von den Okkupanten befreiten Isjum im Charkiwer Gebiet wurde ein Haufen bei der Flucht zurückgelassener Dokumente gefunden, viele als geheim eingestuft. Darunter »Materialien zu Fragen der Unterstützung und Entwicklung des Bildungssystems«. Ein unheilschwangerer Aktionsplan. Dem ukrainischen Unterricht sollte ein Ende gesetzt werden. Stattdessen sollten extra aus Russland hergebrachte Lehrer in den eroberten Gebieten den russischen Lehrplan umsetzen. Mit besonderer Betonung auf »Geschichts- und Literaturlehrer«. Eben sie sollten zu Vorreitern der »patriotischen Erziehung« werden.

Schauen Sie nur einmal auf diese »Geschichts- und Literaturlehrer«, diese »Humanisten«! Auf die »patriotische Erziehung«!

Dies ist vor allem ein Krieg um die kulturelle Identität.

Am 3. April veröffentlichte die Moskauer Nachrichtenagentur »RIA Nowosti« den programmatischen und pogromistischen Artikel eines anrüchigen Polittechnologen des Kreml mit dem aussagekräftigen Titel »Was Russland mit der Ukraine machen muss«. Ich will hier nur ein Zitat aus diesem entsetzlichen, völkermörderischen Text bringen, der dem künftigen internationalen Tribunal gute Dienste leisten wird: »Die weitere Entnazifizierung dieser Masse der Bevölkerung (es geht um die Ukrainer – J. A.) besteht in Umerziehung, die durch ideologische Repressionen und schärfste Zensur erreicht wird: nicht nur im politischen Bereich, sondern auch im Bereich der Kultur und der Bildung.«

Die Überwältigung der Identität – darum geht es dem Aggressor in diesem Krieg. Alles andere – Territorien, Städte, Felder, Getreide, Industriegebiete, Naturschätze, Infrastruktur, Technologien, Privatbesitz inklusive Laptops, Waschmaschinen und Kloschüsseln –, all das gibt es als zusätzlichen Bonus zur eigentlichen Beute dazu.

Ja, es ist ein Attentat auf das Leben selbst – von seinen biologischen Ursprüngen bis hin zu seinen raffiniertesten höchsten Erscheinungen, von denen eine zum Beispiel die Poesie ist. Zum Beispiel Heines Poesie.

Aber es ist außerdem ein Attentat auf den endgültigen Sinn dieses Lebens – auf die Selbstverwirklichung in Freiheit. Die Freiheit erlangen, um sich selbst zu verwirklichen – darum ging es den Ukrainern sowohl vor dreihundert als auch vor zweihundert und hundert Jahren, zu Heines Zeiten ebenso wie bei beiden Maidan-Revolutionen.

Und genau deshalb werden sie heute von Russland umgebracht.

Das Gelingen dieses totalen Attentats verhindern die Ukrainer mit aller Kraft, soll heißen – sie leisten verbissen Widerstand. Dabei hat in der Interpretation dieses Überfalls durch die westliche Welt eine echte (R)Evolution stattgefunden und findet weiter statt. Der Widerstand galt als unmöglich, vergeblich, zu rascher Niederlage verdammt, als hoffnungslos. Dann erkannte man ihn als unerwartet verzweifelt und später als heroisch, effektiv, gekonnt, erfolgreich.

Die Ukrainer halten ihn für siegreich.

Damit befinden sie sich für einen unermesslich ewigen historischen Moment an der Seite von Heines geliebten und vielleicht imaginären Franzosen. Mit dem Unterschied, dass sie keine Franzosen sind. Und nicht imaginär. Sie sind echt – und die Leben, die ihnen Russland nimmt, sind es auch.

Von allen Religionen dieser zweifelhaften Welt ist nur die Freiheit unbezweifelbar und behält bis heute ihren herausragenden Sinn vor dem Hintergrund der sich unaufhörlich ausbreitenden Duckmäuserei, des technologischen Relativismus und des Fakens der Wirklichkeit.

Ich habe Glück: Ich schreibe in der Sprache dieser Freiheit.

Ich danke Dir, lieber Christian Johannes Heinrich Heine – natürlich für die feurige Mischung aus Romantizismus und Ironie, Feinheit und Bissigkeit, dafür, dass Du gleichzeitig zart und hart sein kannst, vor allem aber für das wie speziell für uns Ukrainer formulierte Gebot von Unbeugsamkeit und Widerstand.

Ruhm der Ukraine! Ruhm den Freiheitshelden!

Слава Україні! Слава героям свободи!

2022

Der Preis der Zukunft. Vom Wesen des »aufgeschobenen Krieges«

I

Der russisch-ukrainische Krieg, der im Februar 2014 auf dem Kiewer Maidan begann und genau acht Jahre später zur Großinvasion wurde, ist durch einen entscheidenden Antagonismus gekennzeichnet: Während die Ukraine um ihre Zukunft kämpft, kämpft Russland um seine Vergangenheit. Also komme auch ich, indem ich das Wort »Zukunft« im Titel dieser Vorlesung gebrauche, nicht ohne dessen Antonym aus. Wie könnte die Einheit von Gegensätzen nicht dialektisch sein?

Ein zeitgenössischer russischer und, das ist wichtig, in Opposition zum Regime stehender emigrierter Historiker schreibt: »Bildlich gesprochen beginnt die Geschichte Russlands in Kiew.«

Aus russischer Sicht ist daran nichts Aufrührerisches, ganz im Gegenteil: Es handelt sich um eine konstitutive These des russischen historischen Selbstbilds. Auf sie, aber nicht nur auf sie, stützt sich auch die russische Idee dieses Kriegs. Sie lautet: Die Russen müssen die Stadt befreien, in der die russische Staatlichkeit ihren Anfang nahm.

Ich aber will dieser These von Russlands Anfang in Kiew unbedingt widersprechen. Oder sie jedenfalls stärkstem Zweifel unterziehen – weniger aus Respekt vor dem emigrierten Historiker als aus gesundem Menschenverstand.

Die Lehre von Kiew als der »gemeinsamen Wiege dreier ostslawischer Völker« wurde mir nicht erst in der Grundschule, sondern wohl schon im Kindergarten eingebläut. Allein das ist Anlass, dieser Lehre zu misstrauen, in ihr einen versteckten Mythos zu vermuten, noch dazu geboren aus rein politischer Notwendigkeit.

Um mich bestmöglich vor Spekulationen zu hüten, belasse ich den mittelalterlichen Zeiten der sogenannten Kiewer Rus' ihre Obskurität. Ich erlaube mir zu glauben, dass Nationen – die ukrainische wie die russische – viel später entstehen, nach europäischem Maßstab erst nach dem Mittelalter.

Dabei entstehen sie in ziemlich unterschiedlichen und sogar – ich riskiere dieses Wort noch einmal – antagonistischen Kulturzivilisationen. Auf ukrainischer Seite haben wir das Rus'ische Königreich (auch Galizisch-Wolhynisches Königreich genannt), das im 14. Jahrhundert aufhört zu existieren und teilweise im Königreich Polen, teilweise im Großfürstentum Litauen aufgeht – beide werden sich bald darauf vereinigen. Auf russischer Seite gibt es eine Staatlichkeit mit dem Zentrum Moskau, vorerst komplett abhängig von der mongolischen Goldenen Horde. Als diese später zerfällt, erlangt Moskau seine Unabhängigkeit und vollwertige Staatlichkeit. Und zwar genau dann, als die Rus' (die damalige Ukraine) die Ihre verliert. Das ist ein wichtiges Detail.

Im Weiteren wird das Moskauer Fürstentum zum Zarentum – und ändert damit mehr als seine Bezeichnung. Es ist das Signal für die territoriale Ausdehnung. Moskau beginnt, Nachbargebiete »anzuschließen«. Das »Sammeln der Erde«, also das Erobern von Territorien, wird zur Schlüsselaufgabe der Moskauer Zaren. Der militärische Expansionismus, unterstützt von Verrat und Geheimdiplomatie, wird zum Hauptwesenszug der russischen Politik. »Sammeln der Erde« ist im Grunde ein Euphemismus für ständige Expansion, den Drang in alle Himmelsrichtungen.

Inzwischen macht sich die ukrainische Gesellschaft in der Mitte des 17. Jahrhunderts bereit für den Versuch eines Befreiungskriegs gegen die »Rzeczpospolita zweier Völker ohne das dritte«, wodurch eben dieses dritte, staatenlose Volk seine staatliche Souveränität erringen will. Die Kämpfe der ukrainischen Kosaken gegen das polnisch-litauische Heer dauern mit wechselndem Erfolg bis 1654 und sind auch dann noch nicht beendet. Aber ich erwähne dieses Jahr, weil es einen Wendepunkt darstellt: Der Hetman des neu geschaffenen ukrainischen Staates, Bohdan Chmelnyzkyj, schließt einen Pakt mit dem Moskauer Zaren, und das ist der Anfang dessen, was die russischen Historiker später unter dem Namen »Wiedervereinigung« falsifizieren. Als hätte man früher schon zusammengehört. Praktisch bedeutet es den Anfang der Annexion ukrainischer Gebiete durch Moskau, ein überwältigender Erfolg Moskaus beim »Sammeln«.

Der Vertrag von 1654 hat sich nicht erhalten. Was seltsam, aber auch bezeichnend ist. Wir kennen seinen Inhalt nur aus sich widersprechenden Überlieferungen. Hat Chmelnyzkyj wirklich dem Anschluss seiner Gebiete an Moskowien zugestimmt? Oder ging es doch nur um ein vorübergehendes militärisch-politisches Bündnis gegen die Rzeczpospolita?

Belegt ist jedenfalls, dass der Vertrag in der Ukraine einigen Widerstand hervorgerufen hat und ganze Regimenter der ukrainischen Kosakenarmee sich weigerten, ihn anzuerkennen. Ebenso wie die Geistlichkeit unter dem Kiewer Metropoliten. Schließlich brach ihn der Nachfolger des gerade erst unter ungeklärten Umständen verstorbenen Chmelnyzkyj, Hetman Iwan Wyhowskyj, auf ganz offensichtliche Art und Weise, als er dem Moskauer Heer 1659 in der Schlacht bei Konotop eine vernichtende Niederlage zufügte.

Ich könnte mir vorstellen, dass es in dem Vertrag um eine Art begrenztes Vasallentum ging, keinesfalls aber um völliges Einverleiben. Aber obwohl der Vertrag eine Momentaufnahme darstellt, hat Moskau mit der Zeit maximalen Nutzen aus ihm gezogen.

Der zweifelhafte, von den Parteien unterschiedlich ausgelegte Charakter des Vertrags zwischen Chmelnyzkyj und dem Moskauer Zaren Alexej bestimmte für die folgenden gut hundert Jahre den Gang der ukrainischen Geschichte und der Moskauer, später russischen Expansion. Das Ende des 17. und ein Teil des 18. Jahrhunderts vergingen im Zeichen des ununterbrochenen Kampfes der Ukrainer für ihre Souveränität im geopolitischen Viereck Rzeczpospolita – Moskau – Osmanische Pforte – Schweden. Ebendieses Schweden verursachte durch seine Niederlage im Nordischen Krieg (1700 – 1721) eine historische Katastrophe für die Ukraine und ließ sie für zwei lange Jahrhunderte jegliche Aussicht auf Souveränität verlieren. Moskau aber benennt sich in jenem Jahr 1721 offiziell in Rossija um. Es handelt sich um die griechische Version der Selbstbezeichnung »Rus'«

aus der Zeit des mittelalterlichen Kiewer Staates. Auf diese Weise findet eine doppelte Aneignung des Fremden statt – des Namens ebenso wie des damit verbundenen historischen Erbes. Deshalb ist den Russen die schon zitierte These, die Geschichte Russlands beginne in Kiew, so teuer.

Außerdem benannte sich der frisch reformierte Staat Peters I. noch in einer anderen Hinsicht um: Es bezeichnete sich nicht mehr als Zarentum, sondern als Imperium. Die volle offizielle Bezeichnung setzte sich von da an aus einer griechischen (*rossijskaja*) und einer lateinischen (*imperija*) Komponente zusammen. Aus diesem griechisch-lateinischen Hybrid lässt sich ganz deutlich das Bestreben herauslesen, sich mit Hilfe eines ideologischen Simulakrums oder, einfacher gesagt, eines Fakes an Europa zu binden. Aber an welches? An ein sozusagen symbolisches Europa der antiken Vergangenheit.

Wenn wir schon von Namen reden, so ist es sehr bezeichnend, dass die Ukraine von da an im Russischen Imperium als Malorossija (Kleinrussland) bezeichnet wurde, und ihr südlicher Teil (nach der Eroberung der Schwarzmeerküste unter Katharina I.) – als Noworossija (Neurussland). Das ist eine typische koloniale Übung – den eroberten Gebieten ihre Eigennamen zu rauben und ihnen andere aufzuzwingen. Denken wir nur an Westindien, Neu-Kaledonien oder, viel näher, Oberungarn.

Katharina II., die richtigerweise als diejenige angesehen wird, die den imperialen Drang Peters I. fortsetzte, liquidierte die Reste der »kleinrussischen« Autonomie.

Im Februar 1764 schrieb sie in einem »hochgeheimen« Brief an einen ranghohen Würdenträger Russlands: »Kleinrussland, Livland und Finnland sind Provinzen, die nach selbst festgelegten Ordnungen leben, und diese unverzüglich abzuschaffen wäre äußerst unvorsichtig. Hingegen wäre es nicht nur ein Fehler, sondern in gewisser Weise eine Dummheit, sie fremde Länder zu nennen und die Beziehungen zu ihnen auf dieser Grundlage zu gestalten. Diese Provinzen müssen mit den leichtesten Mitteln dahin gebracht werden, dass sie aufhören, wie Wölfe in den Wald zu starren.«

Ich nehme an, unter »den leichtesten Mitteln« verstand die Zarin, die Eliten zu bestechen und das einfache Volk zu unterjochen. Indem sie die Loyalität der einen und die Leibeigenschaft des anderen erreichte, zog die Bewunderin Voltaires und Rousseaus durch das von ihr beherrschte Gebiet der damaligen Ukraine eine erste Trennlinie – die soziale. Eine zweite Trennlinie wurde die Staatsgrenze zwischen dem Russischen und dem Habsburger Reich, die infolge des Falls der Rzeczpospolita entstand. Ukrainer befanden sich zu beiden Seiten dieser Linie. In diesem geteilten und staatenlosen Zustand verharrten sie das ganze 19. Jahrhundert, das man für unser traurigstes Zeitalter halten könnte, wäre da nicht die Romantik gewesen und damit einhergehend das kulturelle Werden, in hohem Maße gekennzeichnet durch Protest, Widerstand gegen die Zensur, das Ideal der Freiheitsliebe und des freien Denkens und nicht zuletzt durch den Konsens, als Selbstbezeichnung den Namen »Ukraine« zu wählen. Das politische Ukrainertum als Schicht gebildeter und bewusster Personen des öffentlichen Lebens trat schon bis Mitte des 19. Jahrhunderts zutage.

Anfang des 20. Jahrhunderts, noch vor dem Ersten Weltkrieg, hatte es sich vollständig herausgebildet. Der bürgergesellschaftliche Teil des ukrainischen Soziums war zu jener Zeit bereit, das Recht auf eine unabhängige Staatlichkeit durchzusetzen, kaum dass, wie der Dichter Iwan Franko schrieb, die »große Stunde« oder »der passende Moment« schlagen würde. Und sie schlugen: Im Laufe der Jahre 1917/1918 hörten beide Imperien auf zu existieren. Am 22. Januar 1919 wurde in Kiew der Akt der Vereinigung zweier Volksrepubliken – der Ukrainischen (ehemals Teil des Russischen Reichs) und der West-Ukrainischen (ehemals Teil von Österreich-Ungarn) – zu einer einzigen unabhängigen Ukrainischen Volksrepublik verkündet.

Bewahren konnten die Ukrainer ihre Staatlichkeit leider nicht. Schlecht bewaffnet und ausgerüstet, wenige an der Zahl, wenn auch mit dem Mut der Verzweiflung, mussten sich ihre Militäreinheiten gleichzeitig zwei Abarten zahlenmäßig absolut überlegener Russen entgegenstellen – den Roten und den Weißen. Trotz vieler erfolgreicher lokaler Operationen (die typisch ukrainische Handschrift, die wir ganz wunderbar auch im heutigen Krieg mit Russland wiedererkennen), verlor die Ukrainische Volksrepublik diesen Krieg. Der letzte Akt der Niederlage war der Vertrag von Riga 1921 zwischen Polen und Sowjetrussland. Anstelle der Ukrainischen Volksrepublik gründeten die Bolschewiki ein Ersatzgebilde – die Ukrainische Sozialistische Sowjetrepublik.

Meine Darstellung, die schon bisher galoppiert ist,

geht nun in die Phase der absoluten Beschleunigung über. Es ist Zeit für einen Sprung von siebzig Jahren (1921-1991). Inmitten dieses Sprungs gibt es zahlreiche Aufständischen- und Partisanenbewegungen, die sich gegen fremde Herrschaft wendeten: in den 1920er und 1930er Jahren ebenso wie zwischen 1943 und 1959. In der zweiten genannten Periode fand der organisierte bewaffnete Widerstand erst gegen die deutsch-nazistische, dann gegen die sowjetische Okkupation statt.

Es folgten drei Jahrzehnte fortgesetzter nationaler Selbstwerdung, gesellschaftlicher Arbeit an der Idee der eigenen Identität, und zwar sowohl innerhalb des in der Sowjetunion offiziell Erlaubten als auch außerhalb, also im Dissidenten- und kulturell-schöpferischen Milieu. Als das Parlament der Ukrainischen Sozialistischen Sowjetrepublik im August 1991 mit seinem besonderen Akt die Unabhängigkeit der Ukraine ausrief, wurde darin die »tausendjährige Tradition der Staatswerdung« erwähnt. Es vergingen drei Monate – und die Einwohner der Ukraine bestätigten diesen Akt in einem fraglos ehrlichen und freien Referendum: Mehr als 90 % der Wähler sprachen sich für eine unabhängige Ukraine aus.

Die Demontage der UdSSR in einzelne Republiken, die es ohne die Ukraine nicht gegeben hätte, wurde als zivilisierte sanfte Scheidung begriffen. Eine gewisse Zeit lang freuten sich viele von uns, dass der ukrainische »tausendjährige Weg« zum eigenen souveränen Staat so friedlich vollendet wurde, »ohne einen einzigen Tropfen Blut«. Jedoch sollte schon der Anfang des nächsten Jahrhunderts zeigen, dass das eine Illusion war. Die zivilisierte Scheidung hätte man besser als aufgeschobenen Schrecken bezeichnet.

Hätte sich die Koexistenz mit dem »neuen Russland« positiv und gutnachbarschaftlich gestalten können?

Heute ist das eine rhetorische Frage, aber ich will sie dennoch beantworten: Nein, hätte sie nicht.

Daher setze ich auch den Ausdruck »neues Russland« in Anführungszeichen.

In seinem expansionistischen Wesen ist es das alte geblieben. Angesichts einer spürbar geschwächten Polizei- und Militärmaschinerie sah es sich einfach nur zu einer gewissen vorübergehenden Mäßigung seiner expansionistischen Ambitionen gezwungen. Ich spreche von einer »gewissen Mäßigung«, denn sogar in jenem geschwächten Zustand, als in Russland für kurze Zeit Meinungs- und Wahlfreiheit herrschten, heizte es in weiten Teilen des postsowjetischen Raums systematisch kleinere und größere kriegerische Konflikte an – in Abchasien und Adscharien, Karabach, Dagestan, Transnistrien, in den meisten Regionen Zentralasiens und mit besonderer Grausamkeit in Itschkerien, heute besser bekannt als Tschetschenien. Russland heizte Kriege an, und dort, wo es das brauchte, fror es sie ein – bis die Zeit für neuerliches Anheizen gekommen war.

Von prinzipieller Bedeutung ist für uns im heutigen Kontext der erste Versuch Russlands, die Krim zu übernehmen (1992-1995). Unzählige Provokationen um die »gerechte Aufteilung« der Schiffe der Schwarzmeerflotte zwischen beiden Ländern, künstliche Aufregung um eine »Autonomie der Krim«, ein Pseudopräsident, der unzweideutig Kurs auf den Austritt aus der Ukraine nahm – all das ließ keinen Zweifel an der extrem hohen Aktivität und Allgegenwart der russischen Geheimdienste auf der Halbinsel. Aber 1995 konnte die Ukraine die Krim halten und die Situation, wie es schien, für immer stabilisieren.

Diese verhältnismäßige Stabilität dauerte bis zum Ende der 1990er Jahre, bis das bis dato niemandem bekannte graue Männchen mit Namen Putin an Russlands Spitze auftauchte. Indem es für einen Oberstleutnant des alten Geheimdienstes stimmte, traf das »neue Russland« seine Wahl. Das Bedürfnis, »sich von den Knien zu erheben« und sich »vom amerikanischen Kolonialismus zu befreien«, war stärker als alle liberalen Ideen und schemenhaften Visionen einer wunderbaren postmodernen Koexistenz. Russland bestellte sich eine andere Zukunft – eine Zukunft, die die Rückkehr in die Vergangenheit bedeutet.

Das Anschwellen einer besorgniserregenden Aktivität des »neuen Russlands« spürten die Ukrainer im neuen Jahrhundert fast von Anfang an. Das Jahr 2003 brachte den Konflikt auf der Tuzla-Nehrung in der Meerenge von Kertsch, der beinahe militärisch ausgetragen worden wäre. Das Jahr 2004 – die offene und freche Einmischung Russlands in die ukrainischen Präsidentschaftswahlen. Diese Einmischung konnte nur durch die Orange Revolution gestoppt werden. 2006 fand der erste, 2009 der zweite Gaskrieg statt, in deren Folge die Ukraine in eine massive Schuldenabhängigkeit geriet. 2010 wurde der durch und durch prorussische Janukowytsch ukrainischer Präsident. 2013/2014 mussten die Ukrainer ihn mit dem Euromaidan hinwegfegen. Russland antwortete mit der Erschießung der Himmlischen Hundertschaft in Kiew, der Annexion der Krim und dem Einmarsch in den Donbas.

Die Evolution, die der »kollektive Putin« zwischen 2014 und heute durchlief, entspricht völlig der persönlichen Evolution von Putin selbst: vom autoritären »nationalen Führer« zum neuen faschistoiden »Imperator«.

Und hierin zeigt sich das Wesen des tiefen politischen Antagonismus. Sehr deutlich und historisch bedingt. Die Ukraine wählt die demokratische Republik. Russland das despotische Imperium. Jedem das, was ihm gefällt.

2

Der vorhergehende Teil war eine Art Galopp durch mehrere Jahrhunderte russisch-ukrainischer Konflikte. Diese überwogen in den Beziehungen, wie wir gesehen haben, und wenn es gewisse längere Phasen vordergründiger Konfliktlosigkeit gab, dann nur, weil gerade ein ukrainischer Versuch, mehr Freiheit zu erlangen oder sich völlig zu befreien (wie in den Jahren 1917-1921), brutal niedergeschlagen worden war.

Der Anfang der totalen Abhängigkeit der Ukraine von Russland fällt in die Zeit Peters I., also in die ersten Jahrzehnte des 18. Jahrhunderts. Grob gerechnet kann man sagen, dass die russische Herrschaft über die Ukraine, oder einen bedeutenden Teil von ihr, de jure 270 Jahre dauerte (1721-1991).

Eine so lange historische Periode der Unterjochung

musste ja zerstörerische Höhepunkte hervorbringen. In diesem Teil präsentiere ich Ihnen eine Liste der schwersten Schäden, die der russische Staat der Ukraine während seiner Herrschaft über sie zugefügt hat – vor allem, aber keineswegs nur der kulturell-sprachlichen Identität. Beginnen wir mit den Anfängen.

Im Jahr 1720 veröffentlichte Zar Peter einen Ukas über das Verbot des Buchdrucks in ukrainischer Sprache und die Aussonderung ukrainischer Übersetzungen kirchlicher Schriften.

Im Jahr darauf wurde die totale Sprachzensur verhängt: die Unifizierung jeglicher in der Ukraine gedruckten Ausgaben gemäß den russischen Normen.

1775 liquidierte die russische Armee auf Befehl Katharinas II. die Saporoher Sitsch – das letzte Inselchen der Selbstverwaltung der ukrainischen Kosaken.

Zwischen 1783 und 1796 wurde in der Ukraine die Leibeigenschaft eingeführt – und es ist bemerkenswert, dass die Bewunderin Voltaires und Rousseaus diesen Prozess der physischen Versklavung der Menschen (die damals »Seelen« genannt wurden, obwohl es doch viel mehr um die Körper ging) in dem Moment einleitete, als die Leibeigenschaft in ganz Europa entweder gerade abgeschafft wurde oder schon abgeschafft war. Den historischen Quellen nach nahm der stückweise Verkauf der »Seelen« bis zum Ende von Katharinas Herrschaft die schändlichsten Formen an: Die Menschen wurden wie Vieh verscherbelt, und aus nachvollziehbaren Gründen bestand die größte Nachfrage nach schönen Mädchen.

Gleichzeitig dauerte der Druck auf die Sprache an.

Im Jahr 1766 richtete der Synod Russlands einen Ukas an das Kiewer Höhlenkloster, nur solche Bücher zu drucken, die seine Zensur passiert hatten.

Im Jahr 1783 wurde an der Kiewer Mohyla-Akademie eine einheitliche Unterrichtssprache eingeführt – Russisch. 1789 erschien in Sankt Petersburg das »Vergleichende Wörterbuch aller Sprachen«, in dem das Ukrainische als »vom Polnischen verdorbenes Russisch« bezeichnet wurde.

1804 wurden durch einen speziellen Ukas des Zaren ausnahmslos alle ukrainischsprachigen Schulen verboten.

1863 erschien ein Erlass des zaristischen Ministers Walujew, in dem der Zensur (!) verboten wurde, die Erlaubnis zum Druck geistlicher und pädagogischer Literatur in ukrainischer Sprache zu geben. Der Erlass enthält einen kategorischen Imperativ, der zu einer Art Anti-Mem wurde: »Eine kleinrussische Sprache hat es nicht gegeben, gibt es nicht und kann es nie geben.«

1876 unterschrieb Zar Alexander II. im deutschen Bad Ems den sogenannten Emser Ukas über das Verbot von Druck und Ausfuhr jeglicher Bücher in ukrainischer Sprache. Außerdem wurden ukrainische szenische Aufführungen verboten, Texte ukrainischer Lieder unter gedruckten Noten etc.

1914 und 1916, als die russische Armee zweimal die damals österreichischen Gebiete der Westukraine besetzte, verhängte die Okkupationsverwaltung sofort ein komplettes Verbot der ukrainischen Sprache, Bildung, Kirche. Bibliotheken, Lesesäle sowie Kultur- und Bildungsvereine wurden zerschlagen, es kam zu Verhaftungen und zu Deportationen führender ukrainischer Persönlichkeiten ins Innere Russlands.

Als 1918 die russisch-bolschewistischen Truppen Kiew eroberten, erschossen sie in nur wenigen Tagen an die 5000 Menschen, die sich offen als Ukrainer deklarierten und im öffentlichen Raum Ukrainisch sprachen.

1919 verkündete die russische Weißgardistenbewegung Südrusslands über die von ihr kontrollierte Presse das »Verbot der Existenz der Ukraine«.

1932-33 forderte die von der Sowjetmacht organisierte künstliche Hungersnot, nach unterschiedlichen Schätzungen der Historiker, zwischen vier und sechs Millionen Menschenleben, überwiegend unter den ukrainischen Bauern.

Während der 1920er und besonders 1930er Jahre (der Höhepunkt fällt auf das Jahr 1937) kam es zu massenhaften Repressionen der Sowjetmacht gegen Vertreter der ukrainischen Kultur, Wissenschaft und Bildung, vor allem gegen Schriftsteller – ein Phänomen, das später die Erschossene Wiedergeburt genannt wurde. Die Gesamtzahl der Ermordeten, zu Tode Gefolterten oder unter gefälschten politischen Anschuldigungen für lange Zeit inhaftierten Vertreter der ukrainischen »kreativen Klasse« ist bis heute nicht genau bekannt, liegt aber bei bis zu dreißigtausend Menschen. Genauer kennen wir die Zahl der vernichteten Schriftsteller: Von den 260 Personen, die in jener Zeit regelmäßig publizierten oder wenigstens formal einer literarischen Vereinigung oder Gruppierung angehörten, erfuhren 228, nach anderer Zählung 246 Personen Repressionen (bis zur Hinrichtung durch Erschießen).

Die Repressionen der russisch-imperialen Sowjetmacht gegen Vertreter der ukrainischen Kultur hörten weder während des Zweiten Weltkriegs noch danach auf. Das letzte Opfer dieser »Kulturpolitik« wurde der 1985 (!) im Straflager im Ural vernichtete herausragende ukrainische Dichter Wassyl Stus, der kurz zuvor für den Literaturnobelpreis nominiert worden war.

Erwähnen wir in diesem grausamen Dossier noch die massenhaften jahrelangen Einkerkerungen und Deportationen der Einwohner der Westukraine in der zweiten Hälfte der 1940er Jahre – Verschleppungen nach Sibirien, Kasachstan, hinter den Polarkreis und in andere entfernte, praktisch unbewohnte Regionen.

Erwähnen wir die massenhaften Festnahmen, Gerichtsprozesse ohne Chance auf ein gerechtes Urteil, die Inhaftierung und Verbannung dutzender und hunderter ukrainischer Dissidenten in den 1960er und 70er Jahren.

Ein gesonderter Punkt in dieser tragischen Liste ist die beispiellose technogene Katastrophe des Kernkraftwerks von Tschernobyl im April 1986. Im Unterschied zu allem oben Genannten war sie natürlich nicht die Folge eines bewussten Vorgehens des russischen Zentrums gegen die Ukraine. Aber man kann sie mit Fug und Recht als beispielhaften Ausfluss der 270-jährigen imperialen Herrschaft Russlands ansehen, in der der Ukraine die Rolle eines exploitierten, »experimentellen« und praktisch rechtlosen Territoriums zugewiesen wurde.

3

Um die Pläne einer neuen Eroberung der Ukraine zu rechtfertigen – jetzt schon im neuen, dem 21. Jahrhundert und nach zwei Revolutionen, benötigte die russische Propagandamaschine wieder ein grundlegendes ideologisches Simulakrum.

Anfang April 2022 veröffentlichte die Nachrichtenagentur »RIA Novosti« unter dem Titel »Was Russland mit der Ukraine machen soll« den programmatischen Aufsatz eines anrüchigen russischen Polittechnologen. Der Aussagesatz deutet darauf hin, dass die Frage entschieden ist. Sie existiert für den Autor nicht mehr. Dargelegt wird ein Aktionsplan zur Vernichtung unseres Landes als unabhängiger Staat und der Ukrainer als Nation. Der Text ist genozido- und gleichzeitig kulturozentrisch. Hier nur ein Auszug: »Vor allem durch Kultur und Bildung wurde die tiefgehende, massenhafte Nazifizierung der Bevölkerung vorbereitet und umgesetzt, verstärkt durch das Versprechen von Dividenden durch den Sieg des nazistischen Regimes über Russland, durch nazistische Propaganda, innere Gewalt und Terror sowie einen achtjährigen Krieg mit dem gegen den ukrainischen Nazismus revoltierenden Volk des Donbas.«

Anders gesagt, die für den Autor so wichtige »Umerziehung« jener Ukrainer, die die Russen am Leben zu lassen geruhen, ist erst möglich nach der Vernichtung der letzten Spuren der ukrainischen Kultur in jedweder Form.

Sogar Stalin war toleranter.

Wenn es den Informationskrieg, zusammen mit den ballistischen Raketen und dem Terror gegen die Zivilbevölkerung, ins Zentrum seiner zerstörerischen Taten stellt, setzt Russland – wie zu erwarten – seine Praxis fort, Bedeutungen zu verwirren und Begriffe zu verändern. Die Lüge ist ein wichtiges Element seines, wie wir gesehen haben, veralteten Waffenarsenals. Auch Russlands Lüge ist veraltet, obwohl sie noch 2014 aus Gewohnheit ziemlich gut funktionierte. Heute, wo diese Lüge im »kollektiven Westen« ganz offensichtlich ihre Ziele verfehlt, bleiben ihr dennoch gewisse Einflusszonen – sogar in, wie man dachte, ganz reifen demokratischen Gesellschaften.

Die Umdeutungen, die Russland am liebsten vornimmt, sind gar nicht so viele.

Erstens ersetzt es den Sinn des Kriegs – warum er geführt wird. Angeblich nämlich »für die Freiheit und Unabhängigkeit Russlands«, das von der von einem prowestlichen Marionettenregime beherrschten Ukraine unterdrückt zu werden droht. Die Ukraine sei es gewesen, die geplant hätte, Russland anzugreifen, nicht umgekehrt. Russland sei der ukrainischen Aggression bloß mit einem Präventivangriff zuvorgekommen. Dieser Krieg sei ein heiliger Krieg Russlands gegen den vereinten Westen, der »durch die Ukraine Krieg führe«.

Zweitens werden ideologische Schlüsselbegriffe ersetzt, wie zum Beispiel »Nazismus«. Im russischen Verständnis sind all jene Ukrainer Nazis, die sich nicht als Russen verstehen und sich und die Russen nicht als »ein Volk«. Das genügt offensichtlich. Vor Ihnen steht einer dieser »Nazisten«. Mir sind die Russen fremd, mir gelten sie weder als Bruder- noch als befreundetes Volk. Erscheinungen des Nazismus, unter anderem bei mir, sind: auf Ukrainisch reden, lesen und schreiben. Die ukrainischen Streitkräfte existieren nicht, gegen Russland kämpfen »ungesetzliche militarisierte Gruppen von Nazis« (ab und zu auch – »Neonazis«, worin der Unterschied besteht, bleibt völlig unklar).

Diese Fixierung auf »Nazismus« und »Nazis« ist natürlich total freudianisch: Im wahrsten Sinne verdrängen will das russische Bewusstsein seine eigenen genozidalen Neigungen, die massenhaften Abrechnungen mit Andersdenkenden, seine straflagerartige Daseinsform, die archaische dumpfe Xenophobie, den »slawischen« biologischen Rassismus und einige weitere furchtbare Phänomene. Kein anderes Land der Welt benötigt eine so durchgreifende Denazifizierung wie Russland.

Es handelt sich hier überhaupt um eine russische Spezialität: Russland beschuldigt immer die anderen dessen, was es selbst verübt. Der schon zitierte russische emigrierte Historiker hat das sehr eingängig formuliert: »Wenn Russland jemand anderen einer Untat oder eines Verbrechens beschuldigt, dann hat es diese schon selbst begangen.«

Ein anderer Russe, Dichter und Publizist, ebenfalls Emigrant, schreibt: »In 22 Jahren hat Putin Russland in einen vollwertigen faschistischen Staat verwandelt. Alle Merkmale des Faschismus sind greifbar. Die äußerste Stufe des Autoritarismus, die Organisation des Staates als Korporation, wo alle staatliche Gewalt (auch die Legislative und die Judikative) unter Kontrolle des obersten Führers stehen, die Idee der Überlegenheit einer Nation über andere, der Drang, neuen Lebensraum zu erobern, totale Propaganda, der es gelingt, die Bevölkerung davon zu überzeugen, dass das Land umzingelt ist, die Vernichtung jeglicher Opposition und Meinungsfreiheit, ein Kult des Traditionellen, Machismo und die Ablehnung andersartigen sexuellen Verhaltens. (...) Umberto Eco hat als letzten Punkt in seiner Liste der Merkmale des Faschismus noch die ›Verwendung von Neusprech‹ hinzugefügt. Über Putins Neusprech könnte man einen eigenen Artikel schreiben. Einige Errungenschaften allein der letzten Zeit: Das Atomkraftwerk im Gebiet Saporizhja wurde nicht besetzt, sondern dort wurde ›die Kontrolle übernommen‹, die ukrainischen Städte wurden nicht okkupiert, sondern ›befreit‹, und, besonders pikant, Antifaschisten werden Faschisten genannt.«

Ich ergänze noch eine weitere Umdeutung – die des Opfers. Das wirkliche Opfer dieses Krieges ist anscheinend die russische Kultur. Irgendwo am Rande gibt es die vernichteten ukrainischen Leben, die zu Tode Gefolterten, zerstörten Häuser, verbrannten Städte und Dörfer, die genozidale »Abschaffung« aller, die sich nicht für Russen halten, und das Auslöschen von allem, was nicht die These des »einen Volkes« stützt. Im Zentrum aber – komplett erfundene Phänomene wie ein angebliches »Puschkin-Verbot« oder die angebliche »Vernichtung Dostojewskis«. Und rituelles Geheul über dutzende von Urnen mit dem Staub imperialer Ansprüche auf das Universum.

4

Im Grunde ist der Zweck der russischen Aggression in der Ukraine die Vernichtung von Leben. Und das bedeutet planmäßige, massenhafte Verübung von schweren und schwersten Verbrechen. In diesem Teil möchte ich Ihnen eine weitere Liste vorstellen, zum Glück schon die letzte: Meine persönliche und deshalb leider ungefähre und unvollständige Liste dessen, was Russland in der Ukraine anrichtet, beginnend mit dem 24. Februar 2022. Ich muss vorausschicken: es wird eine lange und schwer erträgliche Liste. Hier ist sie:

– Massive tödliche Attacken auf die Zivilbevölkerung mit unterschiedslos wirkenden Waffen (Bomben, Raketen, Granaten, Drohnen), darunter solche, die international geächtet sind
– Anlasslose und durch nichts »begründete« Massenerschießungen in den okkupierten Gebieten, systematische Vernichtung der Zivilbevölkerung
– Vergewaltigungen von Frauen, Männern, Kindern, Alten – stark an satanistische Rituale erinnernd
– Die Verbrennung von dutzenden und hunderten ermordeter Menschen in speziellen mobilen Krematorien – sei es, um Spuren zu verwischen, sei es, um die sanitär-hygienischen Aufgaben zu erleichtern (Mariupol)
– Erniedrigender, grausamer, unmenschlicher Umgang mit Kriegsgefangenen – einschließlich Abschneiden der Genitalien, also Kastration
– Massenhafte, planmäßige Ermordung von Kriegsgefangenen (Oleniwka)

- Verseuchung der Natur durch Minen, Verminung von Gebäuden, öffentlichen Plätzen und toten menschlichen Körpern
- Jagd auf bestimmte Personen nach vorab festgelegten Kriterien und Listen, ihre Entführung mit anschließender Folter und sehr wahrscheinlicher Ermordung
- Verschleppung (massenhafte Deportationen) der Einwohner der besetzten Gebiete in die am meisten vernachlässigten Gegenden Russlands, gewaltsame Trennung der Kinder von ihren Familien, die Aneignung »slawischen genetischen Materials«
- Marodieren, Plündern, Stehlen, Verprügeln
- Zerstörung der Wohnungen der Menschen, Entzug elementarer Lebensbedingungen für die Zivilbevölkerung
- Brutales Ruinieren von Besitz – von privatem ebenso wie von allem sonstigen, massenhafter Vandalismus
- Wegnahme von Pässen und allen anderen Papieren der ukrainischen Bürger
- Nötigung der Ukrainer zu Sklavenarbeit, in eine neue Leibeigenschaft
- Gewaltsame Verwandlung der Bewohner der besetzten Gebiete in Kollaborateure
- Zwangsmobilisierung der Männer aus den besetzten Gebieten (Kanonenfutter)
- Zerstörung der zivilen Infrastruktur – bewusst, gezielt und methodisch
- Verurteilung von hunderttausenden Menschen zu Qualen auf Grund von Hunger, Kälte, Wassermangel, Dunkelheit und mangelnder sanitärer Versorgung

- Vorenthalten von medizinischen Gütern und Behandlungsmöglichkeiten für zigtausende von Bürgern
- Zufügung unzähliger physischer und psychischer Verletzungen
- Zertrümmerung von Architektur- und überhaupt Kulturdenkmälern
- Zerschlagung von Infrastruktur – Betrieben, Fabriken, Kombinaten, Öllagern, Häfen, Lagerhallen, Handelszentren und Getreidespeichern
- Provozierendes Verhalten in einem besetzten Objekt der Kernenergie – dem Kernkraftwerk im Gebiet Saporizhja, das regelmäßig beschossen wird
- Verheerung der Natur, ihres Reichtums und ihrer Vielfalt, der Ökosysteme
- Zwangsweise Änderung der Lehrpläne und – erneut! – Verbot von ukrainisch-sprachigem Unterricht
- Säuberung von Bibliotheken und »Verwertung« der ukrainischen Bücher – auf Grund von vorab erstellten schwarzen Listen mit Themen und Autoren
- Aggressive Wegnahme des Informations- und Kulturraums der ukrainischen Bürger

Ich habe nicht die Illusion, dass ich an alles gedacht habe, aber in dieser Liste gibt es ganze 27 Punkte.

Für jeden von ihnen muss es in Den Haag eine gerechte Strafe geben. Dafür aber brauchen wir unbedingt den militärischen Sieg.

Das ist alternativlos. Eine Verpflichtung.

Das Böse muss besiegt werden. Manchmal gelingt das – nicht nur in Märchen. Und was ist dieser Krieg, wenn nicht die Chance, das Böse seines angestammten staatlichen Territoriums zu berauben? Jede andere Entwicklung würde nicht nur die Ukraine ohne Zukunft lassen. Auch von einer Zukunft Europas kann ohne Sieg über Russland nicht die Rede sein.

Die Erfahrung mit dem Sieg über den Faschismus zeigt jedoch, dass es nicht reicht, im Krieg zu siegen. Er muss mit langer sorgfältiger Arbeit schrittweise aus der Gesellschaft des besiegten Staates herausgepresst werden.

Das ist die gemeinsame Aufgabe der freien Welt. Kein feiger Kompromiss (mit Russland gibt es kein Winwin), kein neues Appeasement, kein weiteres »Einfrieren eines Konflikts«, kein »schlechter Friede«, kein eigennütziger Wunsch, sich von der Gefahr durch Selbstbetrug und auf Kosten der Ukraine, ihrer Menschen und ihrer Zukunft, abzuschotten. Es braucht nur eines: Standfestigkeit. Oder, wenn Sie so wollen, Mut und Tapferkeit. Teilnahme am gemeinsamen Sieg über das Böse.

Und danach muss die komplizierte und langwierige Demontage der russischen militaristischen Staatlichkeit folgen. Das Schlüsselwort ist hier vorerst nicht »russisch«, sondern »militaristisch«. Das kann sogar aus historiosophischer Sicht der Geschichtswissenschaft sehr lehrreich und interessant sein: Wird die russische Staatlichkeit bestehen bleiben? Ist sie ohne Militarismus und Expansion überhaupt lebensfähig?

5

Am 27. Februar 2022 erklangen Worte, auf die ich lange gewartet habe. Soll ich sagen, mein ganzes bisheriges Leben? Das wäre gar keine so große Übertreibung. Ich habe wirklich schon sehr lange auf sie gewartet, und ehrlich gesagt konnte ich nicht ausschließen, dass ich sie nie hören würde.

Der 27. Februar war der vierte Tag des großen russisch-ukrainischen Kriegs. Den russischen Kriegsplänen nach hätte es die Ukraine schon gar nicht mehr geben dürfen. Eine »Spezialoperation« mit der Dauer von 72 Stunden – und das »Kiewer Marionettenregime« musste fallen. So hatten sie sich das vorgestellt. Die Ukrainer aber zeigten gleich zu Beginn der Invasion, dass das nicht passieren würde.

Die Worte, die ich am 27. Februar hörte, stammten von der Präsidentin der EU-Kommission Ursula von der Leyen und klangen so: »... they belong to us, they are one of us and we want them in.«

They – das sind wir, die Ukrainer. *Us* – das ist die Europäische Union. *We want them in* – wir wollen sie dabeihaben. Warum? Weil sie *one of us* sind.

Endlich, seufzte ich während des Luftalarms, unter dem Heulen der Sirenen.

Die Ukraine wird Teil der Europäischen Gemeinschaft. In hohem Maße ist sie es schon: Sehen Sie nur die Solidarität, die sich überall zeigt – von unseren Farben und unseren Fahnen auf den Plätzen Europas, den Rathäusern, Parlamenten und einfach nur auf den Balkonen gewöhnlicher Wohnungen, bis hin zu den Karawanen medizinischer und humanitärer Hilfe, dem kostenlosen Wohnraum, medizinischer Versorgung, Bildung, der großartigen Arbeit von offizieller Seite und von Freiwilligen des demokratischen Westens.

Und natürlich vergesse ich die militärische Hilfe nicht, die unsere Streitkräfte mal in Flüssen, mal in Bächen, mal in kleinen Rinnsalen erreicht, Tropfen für Tropfen, aber, was wichtig ist – praktisch von überall. Deutschland, Frankreich, Italien, Spanien. Aber auch Norwegen, Belgien, Schweden. Und genauso natürlich Estland, Polen, Litauen, die Slowakei, Tschechien. Das »kollektive Europa«, wie es heute existiert.

Die Hauptsache dabei: europäische Zukunft bedeutet für die Ukraine die volle Zugehörigkeit zum gemeinsamen westlichen zivilisatorischen Projekt, sozial optimistisch und human – und somit die positive Alternative zum apokalyptischen Projekt von Putins Russland.

So schließt sich der historische Kreis, und die Ukraine kehrt heim in ihr zivilisatorisches Haus.

2022

Handschlag? Handschlag über alles?
Der Westfälische Frieden und die »Russische Welt«

Die Habsburger? Die Bourbonen? Das Königreich Schweden? Kleinere Akteure, wie etwa die unzähligen Kurfürsten und Fürsten der damaligen deutschsprachigen Welt? Katholiken, Lutheraner, Calvinisten?

Wir können nicht bestimmen, wer in jenem Krieg das absolut Böse war. Wir wissen, dass alle großen Mächte sich schuldig gemacht haben, denn alle strebten auf ihre Weise nach Hegemonie – nicht nach irgendeiner Hegemonie, sondern nach der gesamteuropäischen, also nach der eigenen Erhöhung und der Unterordnung oder besser Unterwerfung aller anderen Europäer.

Für keine der Seiten hat dieser Krieg den einige Jahrhunderte früher formulierten Kriterien des *bellum iustum* entsprochen. Dieser Krieg war allseits ungerecht. Genauer gesagt, im Großen und Ganzen ungerecht, denn in einigen Episoden hatten diejenigen, die ihr souveränes Territorium, ihr Zuhause verteidigten, guten Grund, ihre Taten für gerecht zu halten.

In *diesem* Krieg ist alles anders. Er ist schon allein deshalb untypisch, weil es hier einen absoluten Aggressor gibt, also das absolute Böse. Und es gibt den, der verteidigt – sein Land, dessen Souveränität, das Leben von Verwandten und Freunden. Mehr noch – dabei verteidigt er, der ukrainische Soldat, den Frieden auf dem gesamten europäischen Kontinent, weswegen Sie, liebe Bewohner dieses Kontinents, in Ihrer überwiegenden Mehrheit auch noch nicht gespürt haben, dass das absolut Böse auch absolut gegen Sie gerichtet ist. Dieser Krieg rechtfertigt zweifellos das wichtigste ethische Paradoxon des *bellum iustum* – die Erlaubnis zum Töten, um das Töten zu beenden.

Schauen Sie nur, was im Verlauf dieses Krieges mit dem guten alten Pazifismus passiert! Von einer respektablen und praktisch schon lange nicht mehr hinterfragten Ideologie ist er zu einer realitätsfernen Dogmatik und dementsprechend zu einer Parodie seiner selbst degradiert. Das Paradox liegt darin, dass der Pazifismus in diesem Krieg zum Handlanger des Militarismus wurde. Des russischen, natürlich. Das offensichtlichste Beispiel dafür ist der Papst mit seiner ketzerischen Begriffsverwirrung und der unverantwortlichen Rhetorik »für alles Gute gegen alles Schlechte«. Von Jürgen Habermas oder Noam Chomsky schweige ich lieber ganz.

Frieden – das ist ein ziemlich hinterhältiges Wort. Frieden wollen alle. Auch der Aggressor will Frieden, denn sogar für den Aggressor ist der Krieg nur das Mittel zum Zweck. Erstaunlich selten – wenn überhaupt – findet sich auf der Welt ein Unhold, der erklärt, dass er nicht Frieden, sondern Krieg will. Selbst die fanatischsten Dschihadisten verlangen, dass man ihren »Dschihad« als etwas viel Größeres und Idealistischeres ansieht als bloßen Kampf. Die späte UdSSR wollte keinen Krieg, sondern sie »kämpfte für den Frieden in der ganzen Welt«, allerdings mit solcher Vehemenz, dass kein

Stein auf dem anderen blieb – besonders in Afghanistan, Angola und Äthiopien.

Wie oft haben die Starken der Welt einen ewigen Frieden unterzeichnet? Dabei ging es ihnen offenbar nur darum, erneut zu beweisen, dass es nichts Ewiges gibt. Die gute Nachricht ist, dass auch der Krieg nicht ewig dauert. Die schlechte – dass er sich schrecklich lange hinziehen kann. Sogar dreißig Jahre sind für manche Kriege, wie wir wissen, keine Grenze.

Auch bei meinem dreißigjährigen Krieg ist kein Ende abzusehen. Also wird er ganz offensichtlich länger als dreißig Jahre dauern.

Wieso denn dreißig, werden Sie jetzt fragen. Hat denn dieser Krieg wirklich 1993 begonnen?

Sie kennen das alles ein bisschen anders. Die vollumfängliche russische Aggression gegen die Ukraine hat ein konkretes Anfangsdatum: den 24. Februar 2022. Jetzt, wo ich diese Zeilen schreibe, ist er »erst« ein Jahr und drei Monate alt.

Ich bezweifle nicht, dass unter Ihnen Menschen sind, die die Entwicklungen in meinem Land aufmerksamer verfolgt haben und wissen, dass dem gegenwärtigen großen Krieg ein sogenannter hybrider vorausging, der in der zweiten Februarhälfte des Jahres 2014 begann. Genau ein Jahr später wurde er vom sogenannten Minsker Frieden etwas beruhigt und getarnt – in Wirklichkeit hörte er keinen Moment lang auf, doch er blieb begrenzt. Dem Aggressor, Russland also, erschien es damals vorteilhaft, seine Aggression als »Bürgerkrieg« zwischen den einen und den anderen Ukrainern auszugeben, den »russischen Ukrainern« gegen die »antirussischen«, und die westlichen Medien und Politiker schluckten diese Darstellung bereitwillig, indem sie allüberall die falsche Zuschreibung »Ukrainekrise« (oder »Krise in der Ukraine«) übernahmen. Bezeichnend, dass heutzutage höchstens noch China diesen Fake gebraucht. Und natürlich die guten alten europäischen Pazifisten.

Na gut: Februar 2014. Aber auch das eingerechnet, kommen wir nur auf neun Jahre und drei Monate. Woher also nehme ich meine dreißig? Ist das eine Metapher?

In gewissem Sinne ja.

Betrachten wir die Ereignisse vor dreißig Jahren etwas genauer: Selbst nach dem Zerfall Großrusslands, der sogenannten UdSSR, hörte das kleinere Russland keinen Moment lang auf, expansionistisch zu sein, im Gegenteil – damals wurde der spezifische postsowjetische Revanchismus geboren und fand massenhafte Verbreitung. Schon in den ersten postsowjetischen Jahren entfachte Russland hie und da »kleine Kriege«; danach fror man sie bei Bedarf mit verschiedenen »Friedensabkommen« ein und hielt auf diese Weise fast alle Regionen der ehemaligen Union unter dem Damoklesschwert, dass der Krieg neu aufflammen könnte. Die Ukraine war allerdings ein zu großer Brocken, und der erste russische Versuch, die Krim schleichend zu annektieren (1992 bis 1995), misslang. Die Phase verhältnismäßiger Stabilität der ukrainisch-russischen Beziehungen dauerte praktisch bis Ende der 1990er Jahre, so lange also, bis die Nachfrage der russischen Gesellschaft nach Revanchismus sich darin manifestierte, dass ein echter Revanchist an die Macht gelangte. Seine weitere Karriere, die, um Brecht zu paraphrasieren, in Russland leider unvermeidlich war, entsprach ganz der Evolution jener gesellschaftlichen Erwartungen: Russland brauchte eine harte Hand, würde sich »von den Knien erheben« und zu seiner eingebildeten und quasi verlorenen Größe zurückkehren. Vom zunehmend autoritären »nationalen Anführer« bis zum neuartigen faschistoiden »Imperator« – so sah diese Karriere aus.

Diese Dynamik entlarvt den wesentlichen Antagonismus des gegenwärtigen Krieges: die Ukraine kämpft darin um die Zukunft, Russland – um die Vergangenheit.

Die Archaik, die das heutige Russland völlig überwältigt hat, bestimmt in vielem auch den Charakter des militärischen Vorgehens. Der russische Krieg gegen uns ist, wie alle archaischen Kriege, ein Religionskrieg, genauer gesagt ein quasireligiöser Krieg, Als Grund muss ein erst vor relativ kurzer Zeit geschaffener Religionsersatz herhalten, die sogenannte Russische Welt. Im Zentrum steht neben einem extremen Militarismus und dem Kult der »Großväter«, die im Zweiten Weltkrieg (auf Russisch – dem Großen Vaterländischen Krieg) kämpften, die nationale Ausprägung einer höchst aggressiven Orthodoxie mit ihrer unverhohlenen Intoleranz. Die xenophobe Doktrin von der unanfechtbaren Überlegenheit des »einigen slawisch-russischen Volkes« gründet sich auf den angeblich »einzig wahren christlichen Glauben«, der ausschließlich im Schoße der Russisch-Orthodoxen Kirche existiert.

Daraus leitet sich die religiöse Rhetorik ab, mit der

man in Russland diesen Krieg beschreibt. So konnten wir zum Beispiel am 4. November des vergangenen Jahres 2022 lesen, das »geheiligte Ziel« Russlands in seinem »Ukrainischen Feldzug« sei es, »den Herrscher der Hölle« zu stoppen. Als Russland diesen Krieg zu führen begann, habe es eine »sakrale Kraft« erlangt. Und etwas weiter in diesem Text heißt es: »Wir haben die Möglichkeit, alle unsere Feinde ins Höllenfeuer zu stürzen, aber nicht das ist unser Ziel. Wir hören die Worte des Schöpfers in unseren Herzen und gehorchen ihnen.«

Sollten Sie gehofft haben, dass es sich beim Autor der zitierten Perlen um einen fanatischen Außenseiter aus einer von Gott und den Menschen vergessenen Klosterzelle handelt, dann muss ich Sie enttäuschen: dieses Vokabular und überhaupt dieser Stil gehören zu Dmitri Medwedjew – dem ehemaligen Präsidenten (2008-2012) und Regierungschef (2012-2020) Russlands, heute stellvertretender Vorsitzender des Nationalen Sicherheits- und Verteidigungsrats. Im zitierten Post hat er, im Unterschied zu unzähligen anderen seiner Social-Media-Botschaften, auf die Atomwaffen nur angespielt, üblicherweise droht er ganz unverhohlen mit ihrem Einsatz. Aber auch hier lässt sein »Höllenfeuer« keinen Zweifel daran, was er meint. Gut ist nur, dass er gleich schreibt, »das« sei »nicht unsere Aufgabe«.

Worin aber liegt sie dann?

Sinn und Zweck des russischen »heiligen Kriegs« ist es, die Abtrünnigen zu strafen. Es bietet sich an, diese Rolle den Ukrainern zu übertragen – aus russischer Perspektive ein vom verfeindeten Westen erfundenes Halbvolk, Renegat und Verräter der »russischen Welt«. Sie, die Ukrainer, lockt der verdorbene liberale Westen in seine Netze – natürlich nur, um Russland zu vernichten. Die eifrigsten Prowestler unter den Ukrainern müssen vernichtet werden. Der desorientierte, schwankende Teil wird in Umerziehungslagern bestraft und einer harten Gehirnwäsche unterzogen. Diese hat schon im frühesten Alter zu beginnen, und damit erklären sich die Massendeportationen der ihren Eltern gewaltsam entrissenen Kinder aus den besetzten ukrainischen Gebieten in weit entfernte russische Provinzen.

Die Ukrainer darf es nicht mehr geben. Die verlorenen Söhne der einigen »russischen Welt« müssen auf entsetzlichste Weise (damit sie sich auf ewig, bis in alle künftigen Generationen, daran erinnern und sich fürchten!) in den Schoß Russlands zurückgeführt oder aber erschlagen werden. Egal, welches Ausmaß diese Morde, Zerstörungen und Vernichtungen annehmen. Kein Preis ist zu hoch, wenn der Krieg ein heiliger ist.

Alexander Dugin, einer der Schöpfer des zeitgenössischen russischen Faschismus, der in Russland euphemistisch als »radikaler Philosoph« bezeichnet wird, tritt seit kurzem mit der Behauptung auf, dass der Krieg in der Ukraine dem Jüngsten Gericht gleicht und Russland dem Antichrist in Person des »kollektiven Westens« Widerstand leistet. Das Wort »Satan« taucht in seinem »philosophischen Werk« inzwischen in jeder zweiten Zeile auf. Eigentlich könnte man im 21. Jahrhundert über eine solche »radikal philosophische« Tiefe lachen. Aber das Lachen vergeht einem, wenn man hört, dass der Kreml die geopolitischen Ratschläge des »radikalen Philosophen« aufmerksam studiert und häufig umzusetzen versucht. Es gibt also deutliche Anzeichen für extrem gefährliche Paranoia auf höchster Ebene.

Sind Sie bereit, Vertretern eines paranoiden Regimes die Hände zu schütteln?

Anders gefragt: Ist es möglich, jemandem die Hand zu geben, der in Ihr Haus gekommen ist, um Sie zu ermorden? Und wenn Sie sich seiner Gnade ergeben, dann nimmt er Ihnen alles, was Sie haben, zuallererst die Freiheit? Handschlag wozu? Für einen Waffenstillstand und Versöhnung? Die Akzeptanz des Status quo, welcher Art auch immer? Damit in den besetzten Gebieten auch weiterhin unzählige Verbrechen gegen die Menschlichkeit begangen werden können? Eine Pause, damit der Aggressor seine Kräfte erneuert? Damit er in ein, zwei Jahren, höchstens aber in drei bis fünf, erneut die Spirale des Revanchismus und des Hasses eröffnet und mit neuer Kraft noch brutaler zuschlägt?

Ich kann mir diesen zukünftigen Handschlag nicht vorstellen. Es stimmt nicht, dass alle Kriege mit Verhandlungen enden. Nein, nicht alle. Wir kennen auch Fälle von bedingungsloser Kapitulation. Das bekannteste Beispiel in unseren Breiten ist Berlin am 8. Mai 1945. Denn ein Handschlag mit dem Naziregime war unvorstellbar.

Und mit dem Regime des heutigen Russlands soll er möglich sein?

Doch irgendwann, in einer noch nicht greifbaren Zukunft, wird dieser furchtbar lange Krieg enden. Und sicherlich wird irgendetwas unterschrieben werden – eine Vereinbarung mit dem wunderbaren Wort »Frieden« im Namen. Wie ihn konkret machen, diesen wunderbaren abstrakten Frieden? Welche Parameter – für den Frieden und überhaupt die Zukunft – erscheinen mir unvermeidlich?

Ich denke, es wird kompliziert. Ich denke, es wird etwas absolut Ausbalanciertes und Vielschichtiges. Um diese Struktur im Ganzen zu erfassen, verfüge ich über zu wenig Wissen, Gedächtnis, Erfahrung. Also schlage ich nur drei Grundsätze vor, ohne die weder die Zukunft noch der Frieden, noch der zukünftige Frieden auskommen können.

Erstens. Russland bekennt sich zu seinen Verbrechen, bittet die Welt, vor allem die Ukraine, um Verzeihung für die böswillig angerichtete Katastrophe und akzeptiert entsprechend der Entscheidung eines speziellen internationalen Tribunals einen nuklearwaffenfreien entmilitarisierten Status, wofür es im Gegenzug von der demokratischen Weltgemeinschaft, darunter der Ukraine, Sicherheitsgarantien erhält.

Zweitens. Die Ukraine kehrt zu ihren international anerkannten Grenzen zurück und tritt der NATO bei. Wie die Wirklichkeit zeigt, ist das die einzig wirkliche Garantie für den Nichtangriff und somit den Frieden.

Den **dritten Grundsatz** finden wir im siebten Paragraphen von Art. XVII (mit dem wunderbaren Titel »Sicherung des Friedens«) des an diesem Ort vor 375 Jahren unterzeichneten Dokumentes: »Und es soll durchaus keinem Reichsstand erlaubt sein, sein Recht mit Waffengewalt zu suchen; sondern wenn irgendeine Streitigkeit ausgebrochen ist oder künftig entstehen wird, so soll jeder gerichtlich verfahren; wer anders handelt, soll des Friedensbruches schuldig sein.«

2023

Statt eines Nachworts

Wie fühlt sich ein europäischer Sisyphos mitten im Krieg?

Um ehrlich zu sein: wie jemand, der spürt, dass der Augenblick gekommen ist, sich von sich selbst zu verabschieden. Vor allem habe ich die große Hoffnung, dass die Verdammnis des Sisyphos bald zu Ende geht und sein Schicksal sich erschöpft hat. Diesmal, so hoffe ich, wird es gelingen, den Stein bergauf zu wälzen, bis auf den Gipfel, und er wird nicht mehr herunterrutschen. Mythos kaputt.

Wie überlebt die ukrainische Gesellschaft den Terror?

Ich würde sagen, mit großer Standhaftigkeit. Diese Solidität habe ich von uns nicht erwartet. Die Leute bleiben solidarisch, unverbrüchlich, hart, sie sind auf den ukrainischen Sieg gerichtet, denken an eine bessere Zukunft und retten sich gegenseitig, sie retten ihre Häuser, Ortschaften, Tiere ... Übrigens stelle ich so etwas fest wie eine Revolution im Verhältnis zu den Tieren: Ihr Leben zählt bei uns nicht weniger als das menschliche Leben. Das ist, glaube ich, eine Form des Widerstands gegen den Terror: Man erfährt unendlich viel mehr über den Preis des einzelnen Lebens. Das Leben wird wertvoller, als es jemals war. Das Gegenteil dessen, was der Philosoph Vakhtang Kebuladze die »russische Todeswelt« nennt.

Wie verkraftet die Gesellschaft das Unglück, die Trauer um die Getöteten, die unablässige Angst? Das eigene physische Schrumpfen?

Das alles ist natürlich vorhanden, unsere Verluste sind ja immens, und bisher sieht es nicht danach aus, dass die Fähigkeiten des Aggressors, uns noch größere, noch tiefere und schmerzhaftere Wunden zuzufügen, erschöpft wären. Trotzdem dominiert das Negative bei uns nicht. Angst gibt es kaum noch, dafür – mehr als alles andere – Humor. Ein Beispiel: Heute in Kyjiw, auf der Arsenal-Buchmesse 2023, sprach ich mit einer Frau aus Krywyj Rih. Vor einer Woche traf eine russische Rakete nicht das Haus, sondern den Hof ihres Nachbarn. Dort blieb ein gähnendes Loch zurück, fünf bis sieben Meter tief und wirklich sehr groß. Der Nachbar steht am Rande, schaut in das Loch, *blickt*, mit Nietzsche zu sprechen, *in den Abgrund*, und plötzlich sagt er: Welch ein Glück, gerade sitze ich über den Plänen für ein Schwimmbad im Hof!

Welche neue Dimension bedeutet die Sprengung des Kachowka-Staudamms?

Das ist im Grunde nichts Neues. Der russische Ökozid geht weiter und entfaltet sich. Er begann bereits in den ersten Stunden der Invasion, und er nimmt kein Ende. Wenn die Besatzer sehen, dass sie die okkupierten Territorien nicht weiter besetzen können, sie also verlassen müssen, vernichten sie dort alles – auch im ökologischen Sinne, sie lassen die totale Verwüstung, die getötete Umwelt hinter sich zurück. Die Sprengung des Staudamms ist zum heutigen Zeitpunkt das größte ökozidale Verbrechen Russlands in diesem Krieg. Wenn wir auch nur für einen Augenblick die menschlichen Todesopfer vergessen: Was ist mit den Tieren? Sie wurden massenhaft getötet – von den Fischen bis zu Hunden und Katzen. Die Naturschutzgebiete der einzigartigen südukrainischen Steppe sind für Jahrzehnte vernichtet. Sie sind tot. Aber hat all das etwas an der Entschlossenheit der Ukrainer geändert, an ihrer Bereitschaft zu kämpfen, sich selbst und die Demokratie und Europa zu verteidigen? Die ökozidale Energie hat diese Bereitschaft nur verstärkt. Der Glaube an den Sieg ist nicht schwächer geworden. Aber was weiter? Was hat Russland noch in Planung? Ist eine Atomkatastrophe näher gerückt und wahrscheinlicher geworden? Ohne Zweifel, ja. Aber auch sie wird dem Aggressor nicht helfen. Die Ukraine wird nur noch hartnäckiger gegen die verbrecherische Aggression kämpfen.

Gibt es »Strategien«, die man lernen kann, um mit dem Tod, der Verletzung der Freunde und Verwandten, mit der Verwüstung des eigenen Landes »umzugehen«?

Ja, da bin ich mir sicher. Ich würde nicht sagen, dass es Strategien sind, es liegt einfach in der menschlichen Natur. Sie reagiert so, wie sie kann – mit Liebe und Lebenslust, mit geschärfter Aufmerksamkeit für die Nächsten und einer neuentdeckten Motivation zu arbeiten. Dazu kommt der größte Lebenstraum – den Aggressor zu bestrafen, ihn zu besiegen. Dieses Ziel zu erreichen, ist sehr kompliziert, aber diese Perspektive verleiht uns Kräfte, um uns am Leben zu halten und das Leben am höchsten zu schätzen.

Hat sich dein Blick auf das eigene Werk verändert?

Mein Werk ist recht vielfältig. Manches erscheint heute akuter, relevanter, anderes weniger oder gar nicht mehr aktuell. Trotzdem habe ich das Gefühl, dass die heutige ukrainische Leserschaft viel empfindsamer geworden ist – auch meine Texte werden neu gelesen, tiefer und genauer. Natürlich ist »Moscoviada« noch immer die Nummer eins unter meinen Romanen. Die Neuausgabe von 2023 verkauft sich sehr gut. Ich habe mehr Lesungen denn je, sie sind immer voll, und das Publikum steht Schlange, um sich die Bücher signieren zu lassen. Ich konnte mich nie über mangelnde Aufmerksamkeit meiner Leserinnen und Leser beklagen, aber jetzt ist es irgendwie besonders spürbar und rührend.

Hat sich das Schreiben überhaupt verändert?

Im Prinzip nicht – ich habe mich immer schon darum bemüht, sprachlich und literarisch so gut zu sein, wie ich kann. So halte ich es auch weiterhin. Der Krieg enthebt uns nicht der Verpflichtung, komplex, schön, stilistisch reich und ästhetisch vielschichtig zu schreiben. Gleichzeitig gibt es bestimmte Veränderungen, andere inhaltliche Akzente, Färbungen. Ich weiß noch nicht, ob das Buch, an dem ich jetzt arbeite, am Ende ein Roman sein wird oder eine Sammlung von Geschichten. Den ersten Teil – das erste Kapitel? die erste Erzählung? – hatte ich drei Tage vor der Invasion fertig. Es sollte ein Roman werden über eine späte Kindheit in der totalitären Welt der frühen 1970er Jahre. Die Atmosphäre ist eher grotesk beziehungsweise surreal – Schule, Familie, und als ständige Begleitmusik die Repressalien. Inzwischen liegen sechs Teile in einer vorläufigen Fassung vor. Es dominiert das Motiv des »ewigen Krieges«. Alle unsere sogenannten friedlichen Zeiten, behauptet der Erzähler, sind in Wirklichkeit Zwischenkriegszeiten.

Gibt es Lektüren, die in der jetzigen Lage hilfreich sind?

In meinem Fall – ja, auch wenn sie einem seltsam vorkommen können. Ich greife am liebsten zu Sachen, die ich früher gelesen habe – zum Beispiel »Radetzkymarsch«, »Moby-Dick« oder Nabokovs »Bastardzeichen«. Ich finde, dieses Buch behandelt das Thema Totalitarismus viel präziser als Orwells »1984«. Ich lese das alles eher in Ausschnitten, dann und wann, bei sich bietender Gelegenheit. Die häufigsten Lektüren heute, das sind die politischen und militärischen Analysen der unzähligen Experten. Dieser Krieg ist unglaublich reichhaltig kommentiert, all das bildet schon eine eigene literarische Gattung. Mit solchen Texten kann man viel schneller einschlafen, und dank ihrer klingt das Sirenengeheul des nächtlichen Luftalarms nicht ganz so apokalyptisch.

26. Juni 2023

Die Fragen stellte Katharina Raabe, Lektorin, Berlin.

Textnachweise

Er verlässt die Barrikade nicht
Neue Zürcher Zeitung, 8. März 2014.

Der Preis der Werte oder Unsere Dissonanzen
Eröffnungsrede der »Buch Wien«, November 2014.

»Hagel«, »Tornado«, »Hurrikan«: Der chimärische Krieg
Dankrede zur Verleihung des Hannah-Arendt-Preises, Dezember 2014.

Die allerneuesten Enthüllungen oder Karl Marx Revisited
Vortrag im Rahmen des ersten deutsch-ukrainischen Schriftstellertreffens »Brücke aus Papier« im August 2015 in Lwiw.

Der Fürst auf dem Pferd
Vortrag im Rahmen der Nibelungenfestspiele in Worms, August 2015.

Ostmitteleuropa – Kurze Geschichte der Mutationen
Vortrag im Rahmen der Konferenz der Konrad Adenauer Stiftung »Europa im Wandel – Literatur, Werte, Europäische Identität« in Lwiw, Juni 2017.

Russland nicht erzürnen
Erstveröffentlichung in: *Bis der Teufel uns scheidet, 25 Jahre*

Leipziger Buchpreis zur Europäischen Verständigung. 13 Zwischenrufe, München 2019.

Die Dekodierung des Flusses
Erstveröffentlichung in: *Donau/Duna/Dunay/Dunav/Dunaj*, Sonderpublikation des Literaturhauses Niederösterreich 2020.

Diktatur als Fest der Poesie
Online veröffentlicht vom Berliner Haus für Poesie im Rahmen des Projekts Literaturexpress Europa. Re:Writing a Myth, 2021.

Nach Butscha
Erstveröffentlichung: *Frankfurter Allgemeine Zeitung*, 8. April 2022, u.d.T. »Alles, was wir sehen, ist böse«. Übersetzung: Gerhard Gnauck. Der Text wurde von Sabine Stöhr neu übersetzt.

Russland schlägt mit Hunger zu
Neue Zürcher Zeitung, 9. Juni 2022.

Versklavter Wahnsinn – die Antiwelt
Vortrag im Rahmen der von der Stadt Kaunas (Europäische Kulturhauptstadt 2022) organisierten »Šeteniai Lectures«, September 2022.

Freedom is our Religion (Heine-Preis)
Rede zur Verleihung des Heine-Preis am 10. Dezember 2022 in Düsseldorf.

Der Preis der Zukunft. Vom Wesen des »aufgeschobenen Krieges«
Vortrag im Rahmen der Ringvorlesung Unser Krieg? Die Zukunft der Ukraine und die Neuordnung der Welt an der Universität Gießen, Dezember 2022.

Handschlag? Handschlag über alles?
Rede für die Feierlichkeiten des 375. Jahrestags des Westfälischen Friedens, Osnabrück 2023.

Inhalt